JN201524

今中博之
悪人力
あく にん りき
逆説的教育論
河出書房新社

はじめに

毎日のように悪人に出会います。ヤツらは、生殺与奪の権利を行使して、子供たちを無慈悲に殺す鬼畜でも、ＳＮＳの闇バイトの募集で集まった強盗犯でもありません。塀の中ではあるまいし、日常でそんなヤツらに囲まれるわけもなく、私の周りにいる悪人は、品行方正を装っている普通の人たちです。

自分の好むものをむさぼり、自分の嫌いなものを憎み嫌悪する。ものごとに的確な判断が下せずに、迷い惑う自己中心的な人間を本書では「悪人」と言います。気がつかないだけで、きっとあなたも悪人。かく言う私も嫌になるほどの悪人です。

社会を糾弾する前に、私は私を糾弾したいと思いながら書き始めました。しかし、よくよく考えてみると、あなたのＤＮＡは私と99・９％同じです。これは、個人の違いよりも共通点が多いことを示しています。つまり、あなたもまた高い確率で糾弾される立場にあるということです。

人間は、過去３５００年間に少なくとも１万回の戦争と紛争を行い、１億５０００万人以上を殺めてきました。それを哲学者トマス・ホッブズは、「万人の万人に対する闘争」は人間の自然状態だと書きました。また、第2次世界大戦の前夜、アインシュタインはフロイトに「人間を戦争というくびきから解き放つことはできるのか？」と質問し、フロイトは「人間から攻撃的な性質を取り除くなど、できそうにもない！」と身も蓋もなく答えています。

一方で、人間の進化史では、オキシトシン（絆のホルモン）によって、私たちは生きるために協力的に進化し、現在ではそれが本性（生まれながらに持っている性質）——愛すること・愛されること——となり習慣になったと教えてくれます。人間はとても協力的な生き物ですが皮肉にもそれが激しい攻撃性を生み出すのです。

私たちは、自分が死ぬかもしれないリスクを冒しても戦争に行き人を殺めます。その攻撃性は、敵対心からくるものではありません。オキシトシンによって仲間を守りたいと思う一方、仲間以外には線引きをして攻撃的になる。人間はアイデンティティが強まると、外の集団を敵視し、自分の集団の仲間同士の結束を強めようとします。仲間への愛が敵を意識し、そこに線引きをして、仲間同士で安全な場所を作り防御するのです。

このように私たちは、愛すれば愛するほど、愛されれば愛されるほど、悪人になります。親が子供を守るような防衛本能が湧き上がれば、極悪人になることも躊躇わない。さらに相手を〝人間の皮をかぶった獣〟だとみなすと攻撃を正当化することもあります。

獣である私たちの悪の根源には「愛」がある、と言えば不思議でしょうか。いきなり、そんなことを言われてもわけがわからない、と思われるかもしれません。でも、悪の根源に愛があるという事実は古代ギリシャのアリストテレスも見抜いていました。

私たち悪人は、人間を殺めるほどではないけれど、ボスになり、上の位置に居つづけたい欲求から他者を貶めることをいといません。相手とほどほどな関係を長続きさせるよりも、論破することに喜びを感じるのも通俗的な悪です。特に自分よりも社会的地位の低い者には容赦がない。

偏差値至上主義で争ってきた教養の高い悪人のコミュニティでは、マイノリティへの想像力を欠いた言動がまかり通っています。そのような環境を当たり前だと思っている若い世代が偏見や無配慮を再生産している。一方で、境界知能（知能指数が平均的な数値と知的障がいとされる数値の間の領域）の若い世代や大人などの社会的弱者のコミュニティは、自分よりも弱い人を狩り、マイノリティカーストを作ります。やっていることは、教養の高い悪人のコミュニティと一緒で、彼ら彼女らも悪人です。

１００万人に１人の障がい（私は障がい者には〝害〟がないと考えているので、本書では法令や他者の言説を除き〝障がい〟と書くことにします）がある私は、貧困家庭で育ち、早くに家族を失いました。それでも、家族は私に潤沢な愛を注いでくれました。その家族を脅かす他者は私の敵。相手を罵る言葉を学び、負けまいと虚勢をはり、貧困から逃れるためならはったりもかける。

弱者の私は、もっと弱い者を狙いました。〝殺(や)るよりも劣らぬものは思う罪〟です。心に思う所業は悪人そのものでした。

一方で、私は知的に障がいのあるアーティストのスタジオ「インカーブ」(旧アトリエインカーブ)を設立・運営し、長年、障がい者の方々と生活を共にしてきました。破壊的な争いを避け、他者の言動に惑わされずに制作に打ち込むアーティストの姿は、私に悪人の自覚を促してくれました。

貧困に喘(あえ)ぐ人、言われのない差別を受けている人を取り残さない社会的実践は、適正な規模を超えない限りにおいて、多様な人々を結束させることができます。普遍的な問題をみんなで解決していくことが、敵対心を高めてしまう悪人の心を鎮める唯一の手立てだということがわかりました。

マジョリティもマイノリティも悪い欲望に突き動かされる存在ですが、本来は生きるために協力的に進化し、それが本性となり習慣になりました。きっかけさえあれば、良い心情が発動します。悪人である自分を自覚できれば、悪の根源にある愛を発見でき、救いになるはずです。一方で、その愛で苦しみも生まれます。愛は肯定されるべきか否か、本書で考えていくもう1つのテーマです。

本書では、そのきっかけとなる「悪人の自覚」を私自身の障がいと苛烈な体験、くわえて私の専門分野である社会福祉とソーシャルデザインを通して考えていきます。とはいえ、悪を語るのは性悪説と性善説を巻き込む人間の根源的なテーマです。そこで、私が〝人間とは何か〟を問うために学んできた宗教や哲学、脳科学などの知見を総動員して悪の正体に迫りたいと思います。私にできることは、それらを現代にチューニングして、あなたに悪人の自覚を促すことです。

ところで、みなさんは、宗教と聞くだけで毛嫌いされる方も多いと思いますが、イスラエルの歴史学者ユヴァル・ノア・ハラリは世界的ベストセラー『サピエンス全史下』で私たちホモ・サピエンスが、なぜこれほどまでに文明を発展させ、地上を支配する勝利者となりえたのかという問いに宗教の出現をあげています。それは、「歴史上屈指の重要な革命であり、普遍的な帝国や普遍的な貨幣の出現とちょうど同じように、人類統一に不可欠の貢献をした」というのです。本書では、悪の自覚を促す補助線として、宗教の中でも仏教を有効活用していきたいと思います。

第1章では、半世紀におよぶ「私の悪人ぶり」をご紹介します。4親等以内の親族は、ほぼ死別しているので文句は出ませんが、私の本性を知った友人たちは離れていくかもしれません。それはそれとして良しとしましょう。

第2章では、私とあなたに潜む「悪の正体」を暴いていきます。その手掛かりを悪人の救済方法を考え続けた親鸞（しんらん）の教えに求めます。日本の歴史上、彼ほど自らの悪性に向き合った誠実な思想家はいませんから。私たち日本人に潜む悪の正体に慄(おのの)きながらも、それを自覚することで、私たちの隠された本性が見えるはずです。

第3章では、日本社会や文化がタブーにしてきた「障がい者の悪」を考えます。なかでも、私が20年以上、生活を共にしてきた知的に障がいのある悪人は、「善良なるものは想像力を欠いている」ゆえに「悪しきものは想像力がある」ことを納得させてくれます。彼らの愛に裏付けられた悪行は身震いするほど魅惑的です。

第4章では、「日常使いの悪」を拾い出してみましょう。私たちは、純度の高い悪意や悪意のない善意から平気でウソをついたり、自分の思うようにならないとイカリを爆発させます。不正、いじめ、差別、裏切り、嫉妬などの悪は、貧富の差に関係なく存在しています。

第5章では、哲学者や思想家が「それぞれの幸福」をどのように定義してきたのかを見ていきましょう。遠回りのようですが、悪の源泉に近づくには〝幸福とは何か〟〝愛するとは何か〟を考える必要があると思うのです。

最終章の第6章では、「チームに宿る悪」を考えます。「私たち」というチームが他チームと線引きして「自立」する時は、仲間を守りたいと思う一方、仲間以外を〝線引き〟して攻撃的になります。あなたは、そんな私たちの生存本能を肯定できるでしょうか。

はじめに、くれぐれも誤解のないように申し上げます。本書を読んで「悪人であることを自覚すれば善人になれる」なんて決して思わないでください。善人らしく見える人でも、必ず微量の悪が潜んでいます。あなたも私も、みんな悪人です。だからこそ、悪の衝動を飼い慣らしてほしいのです。もっともよく生きた人は、もっとも悪人と善人の間を揺れ動いた人ですから。

悪を抱きしめて生きてください。

きっと、あなたの中に「悪人力」が宿るはずです。

悪人力　目次

悪人力（あくにんりき）　逆説的教育論

第1章 私の悪と愛

実験台の私

私の初めての悪は、小学生の頃に生まれました。当時の医学は、私の病気は根治できると勘違いしていたらしく、クの字に曲がった両足の手術のために、住まいのある京都から離れて神戸の大学病院に2年ほど入院しました。初日の朝から始まった採血は手強い儀式でした。注射針から吸い取られた血は、何本もの太い針筒に溜まっていきます。右腕も左腕も針で抉られてどす黒く内出血しても、看護師はわずかに残る肌色を探して手際良く刺しました。売血目的かと思うほど、大量に、何度もなんども、躊躇なく採ります。

腕の痛み以上に家族と離れた寂しさは、言葉にできないほどの重たさがありました。心の奥底では、家族が恋しかったけれど、それを口に出すと悲しませる。一人寝で流した涙が左耳に溜まり何度も中耳炎になったほどです。

長く続く、適度ないい意味でのストレスは、遺伝子の発現(ON/OFF)の強さを微調整すると現代の医学ではいわれますが、反対に好ましくない〝Toxic Stress〟という毒性ストレス(強い「負」のストレス、あるいは非常に長く続くストレス)は、遺伝子に悪い影響を及ぼすようです。運動のし過ぎや、過度の仕事の疲労などにより、脳のはたらきばかりでなく、全身のはたらきが悪くなることと同じです。

当然、いい意味でのストレスも毒性ストレスも「環境の力」で遺伝子のシナリオはさらに強まります。私を小さな診察室に連れ込み、モルモットのように扱う主治医と研修医たちはまるで視姦者のようでした。パンツ一枚にさせられた私は、彼らの前をゆっくり何度も回転させられました。3人の研修医がクの字に曲がった両足をポラロイドカメラで抑えます。言われるがまま、なされるがままの小学生が「未来のために私の身体を研究にお使いください」なんて思うはずもありません。実験台に載せられた私の身体には、毒性ストレスが充満していました。

手術を控えたある日。研修医が膝の可動域を調べるために、ぐらぐらしている私の膝蓋骨（しつがいこつ）（俗にいう膝のお皿）の外周に指をあて、膝蓋骨と大腿骨（だいたいこつ）（お皿を支えている骨）の隙間に冷たく、手荒く指をねじ込みました。私は痛みと屈辱に耐えられず、研修医の手を叩き払って「何すんねん」と声を荒げると、研修医は驚きの表情を浮かべました。私はすぐに「ごめんなさい」と言いましたが、研修医は目をそらしたままです。それ以上の処置は行わず無言のまま病室を出ていきました。

私は、怒りと後悔で葛藤していました。怒鳴ることで感情はスッキリしましたが、もう一方で、私の態度が研修医から主治医に伝わり、手術に悪影響が及ぶかもしれない、と不安に思いました。

私の抑えようとした怒りは、心の奥深くでくすぶり続け、無力感や不満、理解されない思いから蔓延していきました。徐々に毒となり、生まれて初めて悪を孕みました。大人であれば誰もが持っている悪が早々に備わったのです。

家族とも離れ、毒性ストレスを受け続けた私でしたが、病院で暴れることはしませんでした。研修医に声を荒げた以外は大人しいものです。怒りを解放し、暴走させてしまったら、手術をしてくれないかもしれないし、病院を追い出されるかもしれない。そうなれば私の両足は、ずっと、クの字に曲がったままです。真っ直ぐになることを信じている家族は悲しむだろうし、何よりもあの毎朝の血の儀式が無駄になってしまう。

一方で、小学生の私には、解決不能な疑問がつぎつぎに浮かび上がってきました。私の膝蓋骨に力任せで指を入れてきた研修医は、声を上げにくい子供だから手荒なことをしたのか。もしそうなら、なぜ、主治医は、倫理観の欠けた低レベルの研修医を私につけたのか。当時は手術を控えた患者やその家族は、慣例として主治医に袖の下（領収証のいらない現金）をこっそり渡すことが多かったようです。私の家族もなけなしのお金を渡していたのを覚えています。そんな違法な医者が主治医でいいのか、と思いつつも、その疑問に答えを出せば自分の立場が悪くなるかもしれない。

抑えられた怒りは、私の中に熱い鉄のように鎮座していましたが、炎が放たれないように細心の注意を払いました。そうしないとクの字の足は、ずっとそのままだと思ったからです。こうして小学生の私は、徐々に感情を殺す術（すべ）を学んでいきました。

怒りと後悔からくるもの

四肢の中でも特に膝の曲がりはひどく、子供たちからは「ロボットみたいな歩き方」だと笑われ、その親からは「見てはいけません」と臭いものに蓋をされました。主治医が家族と私に「遺伝子異常ですから薬で治るものではなく、手術しか手はありません」と話してくれたことから「手術をすればロボットから人間になれる」と思い込んだ私は、怒りを抑える術を身につけて、しつけのいい小児患者を演じました。

季節がかわって手術の日がやってきました。両親が他界した今では、正式な手術名も手術時間も、研究材料として未来にどれくらい協力できたかも知る術はありません。覚えているのは、手術用の麻酔マスクに小さく吐いた唾が倍加した力で戻ってきたことぐらいです。それがなんだか面白くて何度か繰り返しているうちに眠っていました。

目が覚めた私の両足は包帯が巻かれ、数日後には石膏のギプスで固められました。ベッドで過ごす退屈な時間はプラモデル作りで紛らわし、ギプスの中が蒸れて痒みが出ても割り箸を突っ込んで掻けばおさまります。術後の痛みは血の儀式と比べたら耐えられないことはない。そんな些細なことは、ギプスの中で真っ直ぐになっている足を想像すれば苦ではありませんでした。クの字の足が真っ直ぐになれば、次は股関節をやっつけよう。肩も肘も、手術を受ければ治る。妊婦が十月十日を待つような喜びがありました。

ようやくギプスを外す時がきました。病室から木工室のような部屋に移動し、厚目のビニールシートが敷いてある実験台に上がります。主治医が小型の電動ノコギリでギプスの石膏を切り、研修医が足と石膏の隙間に手を入れてゆっくり剝がしていきます。石膏や綿布の破片で真っ白になった部屋に、真っ直ぐで、細い人形のような、白い足が見えました。筋肉は削げ落ちて存在感がなく、力を入れても足の指しか動きません。それでも、私は真っ直ぐな足をようやく手に入れたのです。

術後すぐにリハビリが始まりました。毎朝、理学療法士は、温かいタオルで足を包み、マッサージをしながら、足の曲げ伸ばしをします。足に血色が戻った頃、リフト型の補助具を使って歩くイメージを作りつつ、平行棒で足を前に出す練習を繰り返しました。リハビリを続けていくと、2か月も経たないうちに、細い人形の足が子供の足に戻っていきました。

ただ、少しだけ自力歩行ができるようになったころ、足のラインに違和感を覚えました。もしかしたら、真っ直ぐだった足が微妙に曲がってきたかも……。でももしそうなら、理学療法士や主治医は気がつくだろうし、彼らが言葉にしないのは、それが成長の1つだと判断したに違いない。

勘違いを打ち消すようにリハビリに打ち込んでいたある日、私と母は、診察室に呼ばれました。主治医は、「残念ですが、今回の手術は成功しませんでした。また違ったやり方で手術することは可能ですが、どうなさいますか？」と手早く冷やかに問います。その口調から、自分に非があるどころか、やるだけのことはやったという医者の矜持を感じました。「曲がった足を真っ直ぐにするには、手術しか手はありません」と私に宣言していたにもかかわらず、足はクの字に戻ってしまったのです。

「違ったやり方の手術」を受け入れるかどうかの最終決断は小学生の私に任されました。また、同じような長い入院生活を強いられ、成功するかどうかもわからない手術に期待するのか。世間からも家族からも離れ、毒性ストレスを受けても、しつけのいい小児患者を演じるのか。そしてまた、主治医は、手術を失敗して、次の違ったやり方を提案するかもしれない……。それでもやるのか。

退院の日。病院の正面玄関を出て、タクシー乗り場に向かう途中、母は「長いこと、本当にごめんね。治らなくてごめんね」と消えそうな声で私に謝りました。私は身体の力が抜けて道路にしゃがみ込み、嗚咽しました。それは主治医や研修医から視姦されているように扱われ、彼らの上意下達の振る舞いを受け入れ、しつけのよい小児患者でいようとした自分への怒りと後悔からくるものでした。「もう手術はしないし、この病院には来ない、あの医者は嫌いや」と母に告げた時、私の中の鉄の塊から悪の炎が放たれたのを感じました。

薄っぺらな悪と薄っぺらな愛

長い入院生活で、あらいざらいプライベートを話したにもかかわらず、主治医や研修医、看護師との人間関係はあまりにも淡白でした。「病院は医療を提供する場所であり、主に病気や怪我の治療、健康管理、診断などのための施設です」と言われようと、同じ屋根の下で長く暮らせばもっと親しくなってもよさそうなものです。

そう思うのは、私の生まれが京都のなかでも超排他的と言われる中京区(なかぎょう)の真ん中だったからでしょうか。子供のころから「向こう三軒両隣は家族同然だ」と教えられました。冠婚葬祭を取り仕切るのは町内会の仕事です。知られたくないプライベートも、知りたい下世話なことも筒抜けです。特に中京区外の者が引っ越してこようものなら井戸端会議が白熱します。人との距離は近く、包容力と息苦しさを併せ持つ小さな社会でした。

私は病院で、それとは違う「人との距離」を経験しました。病院関係者と私の間には、どうあがいても手が届かない大きなテーブルがあったのです。いまにして思えば、その関係は淡白だったかもしれないけれど、多様な小児患者と対峙するには正しい人との距離だったのかもしれません。意図的に他者と距離をとり、人間関係を稀薄に保つことで、1つの社会を作るには最適なシステムだったのでしょう。

超排他的な環境で育った私にとって、一見乱暴にも感じる「関係が稀薄だからこそ広がる社会」を肯定的に捉えた社会学者がゲオルク・ジンメルでした。彼は約120年前に行った「大都市と精神生活」という講演で、コミュニケーションにおける距離の重要性について語っています。

彼の主張を大まかにまとめてみましょう。大都市では、人々が他者と距離を保ちながら生活しているため、知らない人に対して多少の嫌悪感があっても深い憎しみには発展せず、もし不快な人が近づいてきたら、距離を置けばいいだけのこと。このように距離を保つことで、異なる習慣や考え方を持つ人々が共に大都市を築くことができると考えていました。一方で、このような態度を地方に持ち込むと、ほとんどの人が顔見知りであるため、嫌悪や憎悪が強まり、関係が崩れてしまうとも述べています。

このように彼は、一般的な「コミュニケーションにおける距離が近くなるほど関係が良くなる」という考え方に疑問を持っていました。大恋愛の後に別れることがあるように、深く結びつくことで逆に大きな隔たりが生まれる。要するに、ジンメルの主張は、「距離があるからこそ良好な人間関係が続き、普段は関わらないような人々と交流できる」という点と、「大都市に暮らす人々は、感情ではなく知性で接することが大半で、その知性に染まった人間は、あらゆる純粋な個人には無関心である」というものでした。

大都市にある病院で働く知性ある主治医も研修医も看護師も、私と深く結びつくことはありませんでした。たくさんの小児患者の1人である私との関係は、終始、淡白で無関心。でもだからこそ、通過施設としての病院が成立するともいえます。いくら私に興味関心を寄せても、病院に定住するわけではなく、いつかは退院する子供です。接近すればするほど決定的な隔たりが生じるから、それを回避するために付かず離れずの距離を選択したのでしょう。

しかし、関係の稀薄さは、私に深い孤独を与えました。孤独は、私の中にあるのではなく、たくさんの人間の「間」に宿るものです。まわりの大人にかまってほしい、注目されたい。それでも叶わないという孤独感にくわえ、自分への怒りと後悔が覆いかぶさります。

特異な入院生活は薄っぺらな悪を生み、同時に薄っぺらな愛を生みました。関係が稀薄だから自分と異なる人と共に生きられるし、テーブルを挟んで離れているから良好な人間関係が続く、と諭(さと)されても子供にとってはただの不条理です。私が手に入れたのは、孤独が悪を育むという確かな事実だけでした。

ずっと強い紐帯と話している

離れれば、結び付きの強さが改めてわかります。京都に住む祖母は、代わり映えのしない病院の晩ご飯の代わりに、手作りのおかずを毎日まいにち神戸の病院まで届けてくれました。両親が働いていたこともあり、私は根っからのお婆ちゃん子で強い紐帯（ちゅうたい）で結ばれていました。私は祖母に全面的に頼っていましたし、祖母は私のことを自分のことのように思っていました。祖母はもう1人の自分でした。

「強い紐帯」は、家族や親友など、ライフスタイルや価値観が似ている人との強い関係性を指します。社会的には、閉鎖的で排他的、内向き思考とも受け止められ、あまり評判がよくありません。一方、趣味やサークル活動による結び付きなどは「弱い紐帯」と言われます。いわゆる、知り合いや趣味縁です。その最たるモノがＳＮＳでしょう。より多くの人と簡単にコミュニケーションがとれ、情報や利益を得ることができ、強い紐帯同士の橋渡しもできるとされます。

昔からビジネスの世界では「弱い紐帯の強み」という仮説がありました。この仮説は、新規性の高い価値ある情報は、環境や価値観が共通する強い紐帯より、共通項の少ない弱い紐帯からもたらされる可能性が高いと主張します。でも、私は昔からそれを疑っています。

そもそも付き合いのない（もしくは付き合いの少ない）人からの情報を鵜呑み（うの）にする人は、よっぽどのお人好しか世間知らずです。私は、そんな弱い紐帯より、縁のある強い紐帯を頼ります。ここでは「自立」を例に紐帯の強弱を考えてみたいと思います。

拙著『壁はいらない（心のバリアフリー）、って言われても。』（河出書房新社）で熊谷晋一郎さん（東京大学先端科学技術研究センター教授）と自立について対談をしました。「自立とは依存先を増やすこと」だと考える熊谷さんは、障がいのある先輩から「二四時間介護には三〇人の介護する人、ケアする人が必要」で、「一人が遅刻しても暴力をふるっても、残りの二九人がいればその場を凌げる。数が勝負を分けるのだ」と教えられたと言います。つまり、縦横させた細い糸が何本もあれば、仮に数本切れても自立は叶うという考え方です。

ただ一方で、私は、細い糸を何重にしても頼りないし、怯えを抱えた状態を自立と呼べるのだろうか、とも思うのです。現に私は、病院関係者の細い糸には依存（信用）できませんでした。私が依存できたのは、もう1人の私である祖母だけです。たくさんの細い糸より「太い1本の糸」が私の強い紐帯だったのです。

みなさんは驚かれるかもしれませんが、私は、祖母が亡くなるまで、祖母の声を1日も聞かない日はありませんでした。住まいがわかれても、寮生活をしていた大学生の時も、社会人になってからも、会えない日は必ず電話をかけて今日の様子を知らせました。リアルに祖母と暮らしたのは、ほんの短い年数でしたが、愛の深さは過ごした時間に比例しません。心底わかり合える時間があれば、それが強い紐帯となり、大きな愛を与えてくれるのです。

私と祖母の関係は「共依存」と言われるものでした。内閣府の調査によれば、その評判はすこぶる悪い。共依存は、他者に過度に依存してしまい、自己評価やアイデンティティを他者任せにして自我を失ってしまう状態で、家庭内の暴力や虐待などの問題が生じる可能性もあると警告されています。

そもそも、自立とは1人で成し遂げられるものでしょうか。答えは否です。私たちは社会的動物であり、1人で自立することは不可能です。むしろ、他者に依存し、頼ることこそが本当の自立であり、1人での自立を目指すことは自殺行為とも言えます。私は、祖母と分身のように一体化し、その残像だけを頼りに今まで生きてきました。

ちなみに、後ほどご紹介する浄土真宗の宗祖親鸞は法然（ほうねん）と共依存でした。法然のもとで親鸞が過ごした年数は、私と祖母が過ごした年数と同じで約6年です。それでも、法然が興（おこ）した浄土宗の正統性を守るために、浄土真宗を興しました。

私は、共依存は頭ごなしに非難される関係ではないと思っています。ただ、その特殊個別的な関係は、一般的でもないし、普遍化されるものではないでしょう。そのようなことも理解しつつ、私の理想とする自立像は、「縦横させた細い糸」を張り巡らし、「太い1本の糸」に共依存することとです。

そんな祖母を罵る、傘寿（さんじゅ）を超える父方の長老がいました。父が亡くなった次の日、私は、長老に呼び出されました。「養子にくれてやったお前のオヤジが母親に暴力を振るうのは、お前のお婆ちゃんがちゃんとオヤジを教育せえへんかったからや。お婆ちゃんを呼び出して怒鳴りつけたら、土下座して涙を流しながら謝ってたわ。頭を畳に何度も何度も擦りつけとった。お前からもお婆ちゃんにきつく言い聞かせとけ。馬鹿者は殴らなわからんのや。そやさかいお前のオヤジは母親を殴ったんとちがうか」。ＤＶ常習犯の父を擁護する長老は、終始薄ら笑いを浮かべながら、口角に泡をためて私を怒鳴りました。

私は、長老に鬼畜のごとく汚い言葉をあびせ、机をひっくり返し、胸ぐらをつかみ喉仏に拳をあてました。その瞬間、おぼろげながら殺意のようなものを感じたのです。もう1人の私であり分身でもある祖母を馬鹿にし、土下座させたヤツは絶対に許さない。〝殺るよりも劣らぬものは思う罪〟。悪が暴発しかけたのは祖母への深い愛があったからです。私を本当の悪人にしたのは最愛の祖母でした。

一線を越えない悪

でも、私は、結局、長老に殺意を覚えながらも一線を越えることはできませんでした。「なぜ一線を越えるのか　無差別巻き込み事件の深層」（ＮＨＫスペシャル）では、一線を越えた犯行に通底する特徴は、衝動的で場当たり的、くわえて愛する人や愛してくれる人の欠如だと解説されています。事件のうち「半数近くが、事件当日、または前日に犯行を決意したとみられる、無計画で場当たり的な手口」で「『死にたい』と言いながら、一人では死にきれないなどとして、無関係の多くの人を巻き込んでいた」と同番組のまとめ記事にありました。

「もう死んでもいい」と、衝動的に放火事件を起こしたある受刑者は、74人に対する殺人未遂の罪などで、懲役11年が言い渡されました。裁判で彼は「本当に孤独で、絶望しかなかった。なぜ誰かを傷つける方向になっていったのか、まだ正直、明確な答えは出ていません」と語ります。

受刑者の母親は高齢で施設に入所し、父親とは関係が悪く、愛する人も愛してくれる家族もいません。たった1人の幼なじみの親友もコロナで体調を崩し、しばらく連絡がとれず「僕以外はみんな幸せそうだし、僕だけが大失敗した」「『頼むから世界が終わってくれないだろうか』、心のどこかで『もう終わってほしいな』」と自らの悪を吐露します。

ところで、あなたは、自分の努力では、どうにもできない現実に苛立ちを抑えきれなくなっても、一線は越えないと断言できますか。無差別巻き込み事件が起こった時に、必ずと言っていいほどSNS上には「自分も一線を越えてしまうかもしれない」という共感の声が寄せられます。あなたは、その共感に同意しますか。私のように愛する人が罵られたら、一線を越えて悪人になってもおかしくない。でも、そうならないのは、なぜでしょうか。

長老が擁護した父は、私にはとびきり優しい大工でした。でも、私が小学生の時に家出して行方不明になりました。その数年後に現れた父は、私と母、兄と暮らし始め、工務店を興します。事業が軌道に乗った頃、親友の借金の連帯保証人になり、証書に判子（はんこ）を押しました。翌日、親友家族は夜逃げ、こちらもその余波で見ず知らずの土地に夜逃げ。当時は自己破産の制度もなく、事業が行き詰まって資金繰りの滞った者たちは、夜逃げすることが多かったようです。

しばらくして両親は離婚し、家族は完全に壊れました。

その後の父は、頸動脈と手首を切り何度も京都の鴨川で入水自殺を図りますが、死に切れません。身体に障がいが残った父を狙い、夜ごと強盗が入ります。私が仕送りしたお金をベッドの下に隠しても、布団を剝がして奪っていきました。父曰く「あいつらは、むかし、一緒に働いていた大工や」ということでした。連帯保証人になった親友に逃げられ、一緒に働いていた大工に身ぐるみを剝がされた父は、緊急措置で病院に入院し、その翌日、階段で足を滑らせて逝きました。

世間にそこまでされた父は、なぜ、一線を越えなかったのか。衝動的に放火事件を起こした受刑者のように自暴自棄になってもよさそうなのに、です。きっと、暴発しなかったのは、父を愛する人がそばにいたからだと思うのです。母と兄とは絶縁状態でしたが、私は父と途切れることなく交わりがありました。私だけがつながっていた理由は、父は私を愛し、私も父を愛していた。ただそれだけです。だから、彼は一線を越えた悪人になれなかったのでしょう。

人を殺めるのに刃物はいりません。社会との接点を奪えば、人は死を欲望します。その最期に一線を越えてもいい、と思うのでしょう。人を騙すのも人ですが、人を救うのも人です。たった1つの強い紐帯があれば（それが過去のものでも、一瞬の経験であっても）一線を越えた悪人にならずに済むと思うのです。

弱者が弱者を獲物にしようとしたわけ

父が親友の借金の連帯保証人になり、打つ手もなく切羽詰まったとき、私は、ミニバイクで、銀行から出てくる高齢者を狙い、現金をひったくろうと思いました。祖母から分厚い愛をもらいながら、祖母と同じような年恰好の高齢者に狙いを定めたのです。今すぐ現金を手に入れるには弱い者を狙うしかない……。私は、追い詰められていました。

衝動的で場当たり的な計画を実行する日が来ました。警備がしっかりしている都市銀行は避け、地方銀行の店舗前にバイクを止めました。エンジンは切らずに、右手でアクセルを思いっ切り回し、左手できつくブレーキを引きながら、ターゲットを待ちます。腕力のない女性高齢者で、身体に障がいがあれば、なおさらいい。そんな彼女なら追いかけてくる心配もありません。

しばらくして、杖をつく小柄な女性高齢者が銀行を出てきました。都合の良いことに、ゆっくりとこちらに歩いてきます。肘にかけた買い物袋の中には、きっと現金が入っているはず。猛スピードで近づき、ひったくれば、今日の食い扶持にはなるし、もし、たくさん入っていたら、夜逃げの必要もない。もう1度、家族をやり直せる。

彼女が私の乗るバイクの横をスローモーションのようにすぎて行きます。私は金縛りにあったように身動きできず彼女を見送りました。長老に犯した〝殺るよりも劣らぬものは思う罪〟をまたしても犯してしまったのです。ただ、一線を越えなかっただけで、思う罪は殺めることと同じです。私は2度目の犯罪者になってしまいました。バイクに跨って、じっと獲物を待つ私は、おぞましいほどの悪人でした。

障がいのある私は、障がいのある女性高齢者を狙いました。つまり、弱者が弱者を獲物にしようとしたわけです。家族が路頭に迷うのを防ぎたいし守りたい、と思う以上に、私は自らに交錯する悪に気がついていました。弱者の上に立つ弱者の私は、彼女より強者になって、自信や満足感を得たい欲望が湧き上がったのです。獲物を狙い定めた瞬間、私は、自分の手で運命を切り開く力を持ったことに恍惚感を得たのです。

私より力の無い者を支配し、コントロールすることで、自分が優越感を持ちたいという欲望が私を突き動かします。その衝動は、自分が弱者であることに対する不満や怒りを、より抵抗できない弱者に向けた暴力そのものでした。

かつて信じていた者に裏切られ、やることなすことすべてうまくいかない家族が再生するために、私は、犯罪を選ぼうとした。それは事実です。しかし、不思議なことに、その悲しみや怒りは、家族を罵倒し裏切った人に長く向かうことはありませんでした。復讐を企てたこともありません。それでも、このような経験は、無論、心を深く抉りました。

青年期に受けたその傷は、トラウマになって現在に至ります。凍えた記憶でできあがったトラウマは、消えることはなく、ゾンビのように何度もよみがえってきます。時間が経てば軽くなるものでもありません。

ただ、タフな戦いですが、トラウマは人生を変える起点になり、傷は回復することもあります。とはいっても回復した心は、傷つく前の心ではありません。皮膚の再生を例にとればこうです。まず、傷口周辺に炎症が起こり、血管が収縮し、傷口をふさぐための血液が凝固します。次いで、傷口の周囲の細胞が新しい組織を作り始め、最後は、傷口の表面に再び上皮が形成され、傷口が保護されて一連のサイクルが終了です。軽い切り傷なら時間が癒してくれますが、深い傷は、トラウマに姿を変えて一生を共にすることになります。

しかし、再生された皮膚は、もともとの私の皮膚ではありません。上皮は再生する過程でガタガタしたりザラザラになったりします。私の両足の手術傷は、いまだに皮膚がよじれたようなシワがあり、色も年々黒くなってきました。でも、そのよじれが、私の一部なのです。

私は、悲しみや怒りから悪人になることを経験しました。一線を越えることなく、引き戻してくれたのは、私を悪人に駆り立てた家族でした。愛されるから、悪人になり、愛されるから、改心ができたのです。

自愛から生まれる悪

「そもそも人間は自由があり、だからこそ、悪を行使してもかまわない」という意見があります。悪を愚かなことだとすれば、それは自由主義に紐付いた行為だといえそうです。自由主義には「私の自由を制限できるのは、他者に危害を与える行為の場合に限られる」他者危害原則と、「他者に害を与えない限り、愚かな行為でも、第三者によって妨げられない」愚行権があります。

身近な愚行権は、お酒を飲み過ぎると肝臓に悪いとわかっていても毎日飲酒する。肺がんの発症率が高いのに喫煙をする。生活習慣病に罹患（りかん）する可能性が高まるのにハイカロリーな料理に手を出す。結婚生活に致命的なダメージを与えるのに不倫をする、などでしょうか。ただ、大切なことは、その行為がどれくらい危険なのかを本人にしっかり伝えて、本人自身が自分の意志で選べることです。

私は退院してすぐに、母から「両足の曲がりが酷（ひど）くならないように拘束具を付けること」を半（なか）ば強引に勧められました。正確にいえば、それは拘束具ではなくて、矯正靴と言われるもので、足や歩行に問題がある場合に使用される特別な靴を指します。私は、先天的に右の足が左よりも短いので、バランスを保つために作られた革靴でしたが、私にとっては自由を奪う拘束具でした。

小学生の低学年の頃は、いつも外出時には拘束具をはめていました。少し歩けば、足首を締め付ける痛みと足裏の土踏まずにあたる突起物のせいで鈍痛が襲ってきます。母に「痛みに耐えなければ一層足は曲がってしまうから、頑張って履きなさい」と諭されても痛いものは痛い。

ある時、私は、痛みを紛らわす方法を思い出しました。それは先に書いた、血の儀式で覚えた「他者から与えられた痛みより、自分で与えた痛みの方が痛くない」というものでした。針を刺された反対の腕を内出血するぐらい思いっきりつねると不思議と痛みが半減しました。

拘束具で足が痛み出せば、腕にあざが残るぐらいつねったり、叩いたりしました。それでも効かなかったら前歯で舌をグッと噛みます。みごとに痛みは分散し、足の痛みが和らぎました。ここで大切なのは「自分の意志」で行うことです。つねったり、舌を噛んだりすることは愚行かもしれませんが、その他の方法は思いつきませんでした。

他人に害を与えない限りにおいて、私の愚行は認められるはずでした。しかし、「両足の曲がりが酷くならないように」と願う母の善意はヒートアップするばかりです。母にとって、今以上に足は曲がらないほうがいいし、たくさん歩けるほうがいい、そう思うのは当たり前の親心だったのでしょう。

でも、半年ほど経った頃、私は自分の意志で拘束具を外しました。自分で与えた痛みなら我慢できたかもしれませんが、母であっても、他者から与えられた痛みには耐えられませんでした。

拘束具を外してすぐに、母から「一緒に死のう」と誘われました。自分の産んだ子供に重度の身体障がいがあり、治る見込みはない。痛みを抱えて生きるのは不憫だ。経済的にも援助できる家族ではない。どう考えても糞詰まりな人生を送るなら、いっそう死んだほうがいい、と母は思ったのでしょう。

母の言いつけを守って拘束具をつけていたら、障がいの進行が抑えられることはわかっていました。一生、身体の痛みが続くなら母の誘いにのって死んだほうが楽かもしれない、とも思いました。でも、私は、拒否しました。愚行権として認められた私の権利ではないからです。

次々に私と家族を襲ってくる不条理から逃れる策を考えあぐねていた時、母から、家族が離散したと聞きました。私は、居場所を失う悲しみより、解放された安堵感を味わいました。これで不条理はリセットされ、すべてがゼロからスタートできる。これからの私は、自らの障がいと自らが生き残ることだけを考えればいい。家族が一番大切だと思いつつも、いつしか重荷になっていたのです。

この身勝手な悪は、私の自愛からくるものでした。本来の自愛が意味する「他者との調和や幸福を追求する過程で、自分自身を愛すること」は後景に退き、「自己中心的な欲望や執着を愛すること」が前景に現れました。その歪な愛は、悪の根源にある愛の変種かもしれません。

人は、他者を愛すれば愛するほど、愛されれば愛されるほど、悪人になりますが、自愛からも悪人は生まれるのです。

スペクトラムな思考

私の悪と善（愛）は、白黒はっきりした二元論ではありません。というのも、私は「この人は悪人、あの人は善人」という決めつけを信じていないからです。100％の悪人も100％の善人もいません。私もあなたも悪人であり善人。悪と善は混ざり合った状態がノーマルだと思っています。なお、本書に出てくる善人は、人格や徳が優れた聖人君子ではなく、思考や行為、感情が偏らずバランスがとれていて、固執しない水のような人を指しますが、現実的には、そんな常人離れした人間は存在しません。

しかし、私たちは物事がスペクトラム（連続体）な状態を好みません。「2つに分けること」を二元論といいますが、ついつい、私たちは物事を白黒の2つに分けたがります。社会福祉の世界においても、二元論は普遍的です。社会的な権利と市民的な権利、ブルシット・ジョブとエッセンシャルワーク、そして健常者と障がい者。これらはすべて自己中心的で恣意的な分け方です。私たちは、その分類が事実から成り立っていると思いがちですが、まったくそうではありません。

なかでも健常者と障がい者の二元論は、マジョリティからマイノリティに強烈なスティグマを与えます。はたして、健常者と障がい者に境界はあるのでしょうか。発達障がいと診断される人が年々増加する傾向にあり、頻繁にマスコミに取り上げられる「自閉スペクトラム症」について考えてみると、その境界の曖昧(あいまい)さがご理解いただけると思います。

インカーブには、自閉スペクトラム症のアーティストがたくさんいます。発達障がいの1つであるその当事者は、言葉や、言葉以外の方法（表情、視線、身振りなど）から相手の考えていることを読み取ったり、自分の考えを伝えることが苦手です。特定のことに強い興味や関心を持っていたり、こだわりのある行動が特徴的だとも言われています。その特徴が重い自閉症から軽い自閉症、さらに特徴が軽くなると健常者と違いがなくなります。つまり、それは境界のないスペクトラムな状態なのです。

男性が中性化した現在、男女にも白黒はっきりした二元論は適用できません。数年前、欧米男性の精子の濃度が40年で半減したとする調査報告がありました。以降、日本のマスコミでも、少子化の1つの原因は、男性の精子の質が低下したからだ、と伝えられます。その事実を教えてくれるのは祖先の頭蓋骨だそうです。その形状を見れば、男性ホルモンの代表であるテストステロンがどう変化してきたかわかると言います。

初期のホモサピエンスの男女の頭蓋骨の眉の部分を比較すると、男性が女性より非常に高いそうです。テストステロンが多い男性とそれが少ない女性では眉の部分の隆起に大きな違いがありました。当時の男性は、よく狩りに行っていて、勇敢さを増すために、たくさんのテストステロンが出ていたと考えられています。

しかし、数万年の間に、眉の隆起がかなり低くなりました。それは、テストステロンが減少したためです。その原因は、他者と集団で行動し、仕事を効率的に進めるために、より協力的になる必要があったからだとされています。結果として、テストステロンが少なく攻撃的ではない穏やかな人々が有利になり、人類の中性化が進んできたようです。現在の日本の男子は、おしなべて眉の部分の隆起が低く、つるんとした顔立ちが多いと思いませんか。そのビジュアルから、精子の濃度が減少していることも肯けます。

このような現象を裏付けるように、近年の脳科学では、私たちの脳は男性の脳と女性の脳の両方が存在する「男女モザイク脳」だということがわかってきました。白黒はっきりした脳は、たった10%。その他の90%の脳は、男か女のどちらかに分けられないというのです。このように、男女を分ける二元論は、恣意性だけで根拠付けられていることがわかります。

それなら一元論がいいのか、と反論されそうですが、二元論よりも一元論はもっと厄介なのです。それは一元論の落ち着く先が全体主義に向かうからです。マルクスを例にするとわかりやすいかもしれません。彼は、資本家vs労働者という二元論的な世界を、階級闘争（革命）で克服しようとしました。つまり、一方（労働者）が他方（資本家）をやっつける形で、二元論を一元論にしようと試みたのです。

けれども、思いの外うまくいきませんでした。多数の社会主義国家がマルクスの理論を採用し、全体主義という政治体制を形成しましたが次々と崩壊しました。その崩壊の原因は、社会主義そのものではなく、全体主義が一元論的な政治体制を引き起こしたことが原因だったように思います。

一元論も二元論も、厄介な考え方だとしたら、どうしたらいいのでしょう。そこで登場するのが「スペクトラムな思考」です。私たちは、悪人でもあり善人でもあるように、一元論と二元論を連続体として捉え、その中で生きているという自覚が大切なのです。

このようなスペクトラムな思考の世界的潮流がＳＤＧｓや多様性、インクルージョンなどの学習機会です。ただ一方で、多様性の過剰理解は、個々のアイデンティティを弱め、オルテガが主張したような根なし草の大衆になる可能性があることも忘れないでください。

悪と善、健常者と障がい者、男性と女性。すべての二元論を克服するのに必要なのは、相対する物事を「慮る」ことです。簡単ではありませんが、他人の立場や気持ちをよく考え、理解することが、二元論を乗り越える一番の方法だと思います。当たり前すぎて、面白みに欠けますが、障がい者のような健常者のような人生を半世紀以上生きてきた、私の実感です。

ただ、他者の気持ちや状況を考慮に入れて行為することは、一見、愛に満ちているようですが、その行為にも愛に裏付けされた微量の悪が存在しています。私のような社会福祉の仕事をしている人間は配慮深いと思われがちですが、それは、善人だからでしょうか。残念ながら、根っからの善人はいません。心の奥底では、相手にぞんざいなヤツだと思われたくないし、不敬だとも言われたくない。ましてや、相手を嫌っていることがバレたら後々仕事もやりづらい、ということも慮っています。

第2章 悪の正体

日本人の心性になじむ悪

本章では、私たちの内奥に巣くう「悪の正体」について考えてみたいと思います。私たちに宿る悪とはそもそも何か。それをどのように定義するのかは案外難しいことです。

特にキリスト教文化圏においては、長い間、「悪は存在するのか」「悪はどこから来てどこへ行くのか」について論争が繰り広げられてきました。しかし、一神教の唯一の神が悪を作るわけがない、と考えると極めて説明が難しくなります。そこで神学では、その問題を解決するために「善の欠如」という理論を捻り出しました。つまり、神が創造した世界なので、本来、悪が存在するわけがないのですが、善の欠如として悪は存在する、と考えたのです。

一方、多神教（神道の八百万神や仏教の阿弥陀仏や大日如来、草木や国土のように心をもたないものでさえ仏性があるとする教えなど）の日本では、「悪」はどうやっても、この世で悟ることができない煩悩まみれの人たちの行為を指し、その行為者を「悪人」と呼びました。煩悩は人の心を煩わせて苦しめ悩ます欲望、怒り、愚痴、疑いなどの「百八煩悩」だと言われ、他者の価値観をことごとく破壊していきます。

日本において、百八ある人間の悪を根源的に思索した時代がありました。悪とは何か、悪人とは誰を指すのか、悪人を救うことはできるのか。そんなことを真剣に考え続けた人が、鎌倉時代の僧侶でも俗人でもないと自称した思想家、浄土真宗の祖・親鸞です。

明治以後、親鸞を再評価した哲学者や思想家（清沢満之・西田幾多郎・吉本隆明など）はいましたが、いまでは彼らが考え抜いた悪は話題にもされません。親鸞以後の日本では、根源的な悪と悪人の定義、そしてそれを救うという問題が忘れられてしまったようです。

一方で、『歎異抄』（日ごろ親鸞が口にしていた言葉を弟子の唯円が書きとめ編集した書）は日本人の愛読書で、あまたある仏教書の中でも大ベストセラーです。岩波文庫の『歎異抄』は、昭和6年に刊行されて以来、１１７万部以上を売り上げています。これは、岩波文庫のベストテンの8位に相当するそうです。また、高校の倫理や日本史の教科書には、たいてい『歎異抄』の「悪人正機」が引用されています。内容は知らなくても、その題字を漢字で書けなくても、きっと誰もが1度は歎異抄の言葉を耳にしたことがあるのではないでしょうか。このように、昔から日本人の心性に馴染み深い親鸞の教えを手掛かりにして、私たちの「悪の正体」を暴いていきたいと思います。

ところで、親鸞や『歎異抄』について話す前に、なぜ私が、エビデンス全盛の世の中で、抹香臭くて古くさいと感じられる仏教から悪の正体を追求しようとしたのか少しだけお話しさせてください。

私は、40歳前まで大企業のインハウスデザイナーをしていました。デザインの中でも私が従事していたのは空間デザインです。具体的には、企業のショールームやショーウィンドウ、国際博覧会や展示会のデザインが主な仕事でした。納期に追われ、原価率を意識して、それでも表面上の美しさと新規性を追い求め、毎年、業界のデザイン賞を狙っていました。自らの障がいや貧困を克服するにはそれしかないと思っていたのです。結果、担当したクライアントは成長し株価もあがり、富者をもっと富者にすることができました。私も名声とお金を手に入れ、成り上がりました。

当時のクーパー・ヒューイット国立デザイン博物館キュレーターのシンシア・スミスからは、「世界のデザイナーの九五%は、世界の一〇%を占めるにすぎない、最も豊かな顧客向けの製品とサービスの開発に全力を注いでいる」(『世界を変えるデザイン――ものづくりには夢がある』)と揶揄(やゆ)されましたが、彼女の主張はごもっとも。私も世界の10%の最も豊かなクライアントをもっと豊かにするために死に物狂いで働いていました。

30歳を越えた頃、過酷な業務がたたり、クの字に曲がった足に水と膿(うみ)が溜まって、高熱が続いて1か月ほど寝たきりになりました。その時に、初めて、障がいを受容(本書では、〝受容〟を〝無条件の肯定的配慮〟の意味で使っています)できたのです。私は、生まれた時からわかりやすい身体障がい者でしたが、自分の本当の姿を直視することもせず、自己中心的な我欲だけで生きていました。

そんな時に出会ったのが五木寛之さんの『他力』にある「わがはからいにあらず」という言葉でした。それは「自分ではないものにお任せする」という意味で、障がいを受容したての私に安穏を与えてくれました。以降、仏教を手掛かりにあらゆるものを考えるようになりました。

現在の日本人は、「宗教」と聞くと、怖くて、如何わしくて、近寄ったりしたら身が破滅すると思い込んでいる方が多いはずです。実際、そのような金品目的の似非宗教が日本にもたくさんありますが、それらがすべてではありません。現に世界に宗教のない文化的社会は存在しません。つまり、私たちは有史以来、宗教のない歴史を歩んだ経験がないのです。日本人の心性を探るには仏教の、欧米中心のビジネスを理解したいならキリスト教の素養が必要なのでしょう。

ついでに、宗教が文化面に果たす役割もお伝えしておきましょう。どのような社会でも、宗教があると共通の利点を享受することができます。1つ目の利点は、宗教は自分を理解し、自覚する感覚を提供してくれることです。この感覚は、自己成長や精神的な進歩とつながるはずです。また、信仰は、各人が自分自身と深く向き合い、自己のアイデンティティを作るための相談相手にもなってくれます。

2つ目の利点は、意味不明な出来事でも、それを解釈する手助けをしてくれることです。私たちの脳は、カテゴライズすることが大好きですが、日常はランダムでカオス状態です。意味不明な出来事に意味付けし納得する手助けになる、という意味では宗教も捨てたものではないと思います。

他力的な悪と自力的な悪

少しお話が脱線しましたね。では『歎異抄』が示す「悪の正体」の話に戻りましょう。その要諦は2つです。1つ目は「縁」。歎異抄では業縁と書きますが、現代に生きる私たちには仏教史一般の「縁」と捉えたほうがわかりやすいでしょう。縁は、「物事はすべて過去からつながっている」もので「如何ともし難い」他力的な関係性を言います。「縁起」は、縁が起動し、動き出した状態だと解釈してください。一見、縁も縁起も善につながりそうですが、そればかりではなく悪も引き寄せます。

ちなみに、歎異抄の第6条では「つくべき縁あればともなひ、はなるべき縁あればはなる」と書かれています。つまり、人間というもの、縁があれば近づき、縁がなければ離れてゆく、ただそれだけのことで、別段、縁に執着しなくてもいい、と親鸞は言うのです。

縁と混同されがちな「運」は、フランスの哲学者ベルクソンによると、「あなたの意志から発出し、あなたの意志から委任を受けているある本体が、意志に取って代る——つまり、それが運であり、勝とうという決意が運というものに姿を変えているわけである」(『道徳と宗教の二源泉』)と定義しています。わかりやすく言うと、神に頼るのでもなく、運命に身を任せるのでもなく、自分自身の行動によって事物を操作しようとする積極的な取り組みが運だということです。

他方で、古代中国の民間信仰は、運には3つの原理があると教えます。第1の原理は「命運」です。あなたの選択や決断には柔軟性があり、人生の道筋を変更することができると考えました。第2は「縁」です。自分ではコントロールできない出来事が関係していて、如何とも し難いものだと考えます。中国では運にも縁の要素が加味されていることがわかります。第3は「応報」です。悪行と善行はすべて、今後の人生に影響を与える、というものです。この考え方が中国の民間信仰の基本的な考え方です。

つまり、ベルクソンと古代中国の民間信仰に通底する運は、「意志の力」なくして、手にできず、持続もできない自力的な考え方を言うようです。このように縁や運は似たような印象の言葉ですが「縁＝絶対他力的思考」で「運＝自力的で少しだけ他力的な思考」だと解釈できます。いずれにしても、縁と運とは別物だということをご理解ください。

悪の正体の2つ目は「生殺与奪」です。私たちは、生命を産み出し（生）、生命を奪い（殺）、また他者の人生を左右する（与奪）力を与えられた悪のエゴイストだという見立てです。生殺与奪は、主に神や国家、王などの権力者が持つとされる力で、一般的な人々が持つべきではないとされてきましたが、そんなことはありません。私もあなたも子供の頃からその力を付与されています。

次に番外編として『歎異抄』を離れ、親鸞が最晩年まで加筆と修正を繰り返した主著『教（きょう）

行信証』から「親殺し」を取り上げてみましょう。血で結びついた人間を殺めることもいとわないのが、私たちです。

まずは、親鸞が考える「縁」と「生殺与奪」、「親殺し」の悪を示した上で、それぞれの悪を現代に引き寄せて「悪の正体」を暴いていきましょう。

悪を引き寄せるもの

親鸞は、私たちが毎日作りだしている悪も善もすべて「縁」だと考えました。つまり、悪いことも良いことも、それをする人の自由意志や責任の結果だけではなく、自分が過去にどのような行動を重ねてきたかが最大の問題だ、と言うのです。

前世の悪い行いは、苦しみや困難をもたらし、良い行いは将来の幸福をもたらす、という解釈です。それは、ブッダの因果論（原因があって、結果が生まれる）を変容させた因縁果論（原因があって、縁によって、結果が生まれる）から導き出されました。インド生まれの仏教は、中国の儒教や道教などと混じり合いながら日本に伝来し、多種多様な解釈を可能にしていったのです。

このような縁の考え方は、ジャン・カルヴァンの「予定説」と親和性が高いように思います。

予定説は、マルティン・ルターのプロテスタンティズムの思想を引き継いだもので、神の救済にあずかれるかどうかは、あらかじめ決定されていて、この世で善行を積んだかどうかは、まったく関係がない、と考えます（現在、このような予定説を認める教派はプロテスタントのみでカトリックや東方正教会にはまったく受け入れられていません）。

親鸞は、前世の自分の行いが今世の行いを決めると考え、一神教を信仰するカルヴァンは神が決めると考えました。「前世の自分の行い」と「神」の違いはありますが、いずれにしても、今世で自分がいくら努力しようとも、果実をもらえる人とそうでない人は決まっている、というルールは共通しています。

そんなルールではやる気も起こらないし、無気力になってしまいそうですが、マックス・ヴェーバーの『プロテスタンティズムの倫理と資本主義の精神』を読むと、そうとも言い切れないようです。

彼は予定説を、全能の神によって救われると決められた人は、禁欲的に自分の使命を果たし、仕事に励むと捉えていました。この思想体系が資本主義と民主主義の基礎となり、世界に波及していったのです。

でも、この縁や予定説の解釈って、一種の逃げだと思いませんか。自分の責任を果たさず、環境や社会、過去の経緯などに責任を転嫁することは卑劣だともいえます。けれども、身も心も壊れそうな時は、自己責任から逃れたくなるのは、私もあなたも同じです。親鸞が断言するように、自分で行う悪は、すべて自分で考え、決断しているのではない、とするなら自己責任は免れます。くわえて、私たちを自ら抑止することも、償うこともできない弱くて悪い人間だと肯定してくれることで救済にもなります。

ところで、日本には、「袖振り合うも多生の縁」という諺があります。道ですれ違ったり、電車で隣り合わせになる些細な出来事も、過去からの縁だと考えるのです。悪縁なのか善縁なのかはさておき、この些細な出来事は自己責任ではありません。このように、過去からのつながりがあって今があるという考え方は、日本人の感性に馴染みやすいようです。

また、『歎異抄』にも、縁についてこのようなくだりがありました。親鸞が唯円に対して行った語りを私なりに訳してみましょう。「もし、1000人殺せと言われても、状況や縁によっては殺せない場合もあれば、殺せる場合もあるんだ。逆に、1人も殺すつもりがなくても、戦地に行かざるを得ない状況になれば、1000人殺してしまうかもしれない。私たちの悪行の原因は、単に社会的な要因から生じるものじゃない。それは、あらかじめ設定されていて、悪は私たちの理解を超えた世界に潜在しているんだ」。

親鸞は、私もあなたも、いざという時に1000人殺すかもわからない狂気を宿しているという見立てをします。血の気が引く悪人観です。でも、このような見立ては、道徳的な常識からすれば間違っています。私たちは、親からも学校教育からも、悪は自己責任として引き受けるべきだし、また引き受けることができる、と当然視されてきました。しかし、親鸞は真逆なのです。

　はたして、私たちは悪をすべて自己責任として片付けることは可能でしょうか。私の遺伝子のエラーは、私にはコントロールできませんでした。親を選んだのは私ではないし、早くに一家が離散し、貧困だったことも私にはどうすることもできなかった。誰が好き好んで親の苦しむ姿を見たいものですか。親鸞は、それらは自分の努力や行動では変えることができない縁だというのです。

　そういうわけで、私は、自己責任反対派です。悪を引き寄せるとしても、私は、縁や縁起を信じる立場（もし、私がプロテスタントなら予定説を信じるでしょう）をとります。身も心も壊れそうだった私は、それらを信じることで、人生を納得し、諦めることができました。ちなみに、ここでの「諦める」という言葉は、失望や投げやりな意味ではなく、原義の「明らかに究める」というポジティブな意味で使っています。

　このような親鸞の「縁論」は身も蓋もないようなお話ですが、縁を自覚した人は、他者とのつながりも自覚できるようになります。それが悪縁か善縁かはさておき、いずれにしても、つながりあっている事実は変わりません。そのつながりの認識は、他者への無関心を、関心へと変換させることができると思うのです。これも悪の効用です。

縁とメリトクラシー

現代社会の「メリトクラシー」の視点から考えると「縁」についてより深く理解できます。メリトクラシーは、メリット（ＩＱ＋努力）とクラシー（支配体制）を組み合わせた造語です。生まれ持った階層に依存した「属性主義」に対抗する「能力主義」のような社会原理だと言われています。平たく言うと「全員に均等な機会を与えるので、自由に戦いたまえ。その結果生まれる格差は公平だし、自己責任だ。能力と功績に応じた収入と地位を保障してあげよう。当然、能力の高い者が政治家や社長などの要職につくべきだし、報酬も多くもらう権利があるのだ」という資本主義社会の倫理的な呪文です。

このような呪文に洗脳された私たちは、メリトクラシーの社会システムに慣らされ、出身に関わらず、才能と努力があれば誰でも成功できると考えるようになりました。個々の成功は、才能や努力によって評価され、それに伴う収入はその人自身のもの。多くの親が子供たちに優れた学業成績を望み、有名大学への進学を誘導し、大企業で働くことを願うのは、それが経済的に成功する手段だと考えているからです。

経済的な成功者は、自分の子供たちにも成功をもたらそうとして、経済資産やピエール・ブルデューが指摘した文化資本を投資します。その子供たちは、大人になると高い確率で高収入を得る機会に恵まれるはずです。その結果、社会的な分断が進み、成功しなかった人を落伍者（らくごしゃ）として扱うようになるのです。

また、成功者の努力してきたという自負は、マイノリティへの想像力を欠いた言動となって、分断の溝を一層深掘りします。このような上意下達の意識を当たり前だと思っている若い世代が偏見や無配慮を再生産するのです。

現代社会は、メリトクラシーが行き過ぎています。労働者階級が世代ごとに再生産されることや、個人の教育の成果が個人の才能や努力ではなく、親の富と希望に依存していること。能力主義とは名ばかりで、将来が所属する社会階層に依存していることは、小学校の高学年ぐらいになれば薄々感じています。

あらかじめお断りしますが、私は努力や意志の重要性を否定するつもりはありません。それらは非常に尊重すべき価値があるはずです。ただ、行動遺伝学のエビデンスは、努力や意志、外向性や同調性などのパーソナリティの5割程度は遺伝によるものだと指摘します。残りの5割が環境要因（ブルデューが指摘するハビトゥスのようなもの）です。つまり、親が変われば遺伝子も生育環境も当てがわれる教育も違ってきます。もし、あなたが成功者から落伍者と言われる家庭に生まれ変わったら、あなたの努力が成功者より報われないとしても仕方がない。なぜなら、それはあなたの責任ではないからです。つまり、パーソナリティを決めるのは、やはり縁次第ということです。

ところで、2023年、厚生労働省の「国民生活基礎調査」によると、21年の相対的貧困率は15・4%でした。経済協力開発機構（OECD）が公表する各国の貧困率の最新値でみると、米国（15・1%）、韓国（15・3%）に抜かれ先進国で最悪です。日本の人口の約6人に1人が貧困ライン以下で暮らしています。もしこの状況で、あなたがメリット（俗にいうマジョリティの特権）を得ているなら、それは自分の努力の結果ではないかもしれない、と理解することが重要です。

生まれてくる子供が、時代や国を決められるわけではありません。生まれ落ちた家庭や環境などの外部要因で、私たちの個性や才能は形づくられているにもかかわらず、自分の行動や能力に自己責任を負わなければならないのは、あまりにも不条理です。家庭環境や教育で育まれた能力は、明らかに〝くじ引き〟の結果なのです。

くじ引きで生まれた成功者と落伍者との溝を埋めるために為政者が試みたのは、子供手当や就学支援などの社会的ケアでした。また、為政者に背中を押された成功者は、誰もが平等な社会を築くために、人生のスタート地点の不陸（ふろく）を埋めようとしますが、その程度の社会的ケアでは、悪縁は断ち切れません。

埋めようがない現実に気づいた成功者は、収入が少なくても、24時間頑張るエッセンシャルワーカーこそが成功者だと訴えるようになりました。でも彼ら、彼女らは、決して立場が入れ替わることを望んでいるわけではありません。

たとえ、機会が均等に与えられていたとしても、能力の違いによって最終的な成果に差が出ます。なんども言いますが、その能力も縁次第。どこまでいっても、現実は、縁に恵まれる者とそうでない者に二分されるのです。それが親鸞の指摘した悪の正体の1つ目です。

「生きて在る」ことは悪

私もあなたも生き物を殺さず、食さずしては1日も生きることができません。抵抗して戦いを挑んでくるならいざしらず、無抵抗な動物を一網打尽にして殺め、その味に飽きたらモノのように捨てる。私たちは、動物の苦しみを最小限に抑えるための飼育や処理を講じることもほぼ眼中にありません。

親鸞が指摘する、もう1つの悪の正体は、生活者の日常の倫理観に映し出される「生殺与奪」です。生きる動植物の命を奪う行為は殺生(せっしょう)と呼ばれ、仏教の戒律では、修行者の生活規律を著しく乱すものとして、厳しく禁じられてきました。また同時に、仏教は人間が生きるためには、他の動植物を食べざるを得ないという現実を直視し、この問題を生存にかかわる根源的な課題として受け止めてきたのです。

私たちが、息をし、心臓が脈打ち、活動し、感情を抱き、思索し、経験を積むことは生きて在ることです。言うまでもなく、これらの行為は、食べることを前提として成り立っています。食べる行為、つまりそれは生の強奪です。肉食動物のライオンやジャッカルなどは、生き死にをかけた暴力行為を、腹が減るその都度行っていますが、人間は腹が減らなくても食べます。

ところで、親鸞は、すべての動植物が内に仏となる性質を宿すという「一切衆生、悉有仏性」の理念を拠り所にしました。この視点からすれば、動植物を食べることは、仏性が持つ尊厳を踏みにじり、犠牲にすることを意味しています。つまり、人間の存在そのものが、悪以外のなに者でもないということです。しかし、人は老病死などの避けられない苦境に直面しない限り、生きて在ることを断つことはできません。ゆえに、人間は食べ続けざるを得ないし、生きることを放棄しない限り、人間は果てしなく罪を犯し続けることになります。

人間が生きて在ることそのものを「悪」と見なした親鸞は、自身を含むすべての人間が、煩悩にまみれた救い難い存在であり、殺生を生業とする猟師や漁師、物を売買する商人のようだと書きます。猟師や漁師たちは、非常に残酷な手段で他の生き物たちを排除し、商人たちは常に他の同業者と競り合いながら、自身の商売を成功させるために市場で他者を排除します。さらに、彼らは、特に悪意がなくても、時には客を狡猾に欺くことも憚らない。こうした排除の仕組みを、親鸞は、狩猟や漁猟、商行為に見出していたのでしょう。

親鸞は、私もあなたも猟師や漁師、商人たちと同じく「下類」（善根を積むどころか、生きるためには、悪事さえもあえてしなくてはならない一般民衆）に位置付けました。狩猟や漁猟に従事せず、商売をするわけでもないごく普通の人々も、必然的に排除の仕組みに取り込まれている悪人だと言うのです。

あなたは、誰も排除せず、むしろ排除され続けて、その結果、最も弱い立場にいると感じているかもしれませんが、それでも、あなたは、排除の仕組みに絡めとられた人間です。なぜなら、その最も弱い立場のあなたが生きて在るということは、他の動植物を殺して食べているということにほかならないからです。最も弱い立場であれ、最も強い立場であれ、人間なら、例外はありません。

このような、すべての人間が持っている悪は、どこから引き寄せられているのでしょうか。それが先述した自分の力で抗（あらが）うことができない「縁」なのです。

私たちは、排除の仕組みの外に出ることのできない悪人です。しかも、その悪の直接の原因が縁だとすれば、どのようにあがいても悪を免れることができない。ただ、先ほども書いたように、「はなるべき縁あればはなるる」です。あなたが切らなくても縁さえあれば、悪縁も善縁も切れます。縁も常は無いということです。

劣った者は削除せよ

先生「ドイツ人家族の1日の生活費が5・5ライヒスマルクで遺伝病を持っている人の介護費用が1人1日12ライヒスマルクかかると仮定すると、それによってドイツ国民が負う負担はどれくらいになりますか?」
生徒A「そんなにその人たちにお金がかかるんだとしたら、どうすればいいの?」
生徒B「殺すんだ」
先生「……もっと前向きで思いやりのある解決策……誰かない?」

同じ教室にいた右腕の無い少年ピーターは質問に答えることができません。不穏な空気を察した先生は、違う話題に切り替えます。ある日、ナチスが身体障がい者のピーターを殺すために家を訪れました。首を締められて殺されかけたピーターは、敵の銃を手にして相手を射殺しました。1人で雪の中を逃げ出したところで、短編映画「我らの罪を赦したまえ」(Netflix)は終わります。きっと、彼は、捕まって射殺されるか、ガス室に送られて命を落としたはずです。第2次世界大戦時にドイツで暮らしていた障がい者は「T4作戦」で根こそぎ殺されました。

T4作戦は、その本部がティアガルテン4番地という場所に設置されていたことから命名された障害者殺戮（さつりく）計画の名前です。この作戦は、第2次世界大戦が開始された1939年に始まりました。精神障がい者や知的障がい者、私のような回復の見込みのない身体障がい者は、殺人バスに乗せられて、ドイツ全国の6つの殺戮施設に運ばれました。そこで一酸化炭素ガスにより命を奪われた総数は約7万人に上りました。

想像してみてください。もし、あなたが殺戮施設に送致され、飢えと寒さのなかで、暴力をふるわれ、すべての私物は奪われた上に名前も失い、ただの番号として呼ばれる毎日だとしたら。『夜と霧』を書いたビクトール・フランクルのように自分の未来に希望を持つことはできるでしょうか……残念ながら、私なら精神も肉体も屈していたはずです。ヒトラーは、そんな障がい者の死を「恵みの死」と称し、社会の負担を軽減すると信じていたようです。

ただ、ヒトラーは、障害者殺戮計画の主犯ではありませんでした。私たちは、ナチスによるホロコースト（ユダヤ人集団殺害）は知っていても、障がい者が大量に殺害された事実をあまり知りません。さらに言えば、ホロコーストの予行演習といわれたT4作戦は、ナチスではなく精神科医が主犯だった事実はもっと知られていないはずです。障がい者の生殺与奪権を握っていたのはヒトラーではなく、精神科医や看護師だったのです。

ではなぜ、障がい者の命を守る者たちがT4作戦を主謀したのでしょうか。その背景には、20世紀初頭に欧米社会で隆盛した「社会進化論」や「優生学」などの影響があるといわれています。社会進化論は、イギリスの哲学者ハーバート・スペンサーが提唱した理論です。「弱肉強食」の原則を社会に適用し、社会の中で最も適応力のある個人やグループが生き残り、それ以外は淘汰（とうた）されるべきだと主張しました。彼は、ダーウィンの生物進化論を人間社会に適用しようとしたわけです。

その社会進化論をより具現化したのは「優生学」でした。提唱者であるイギリスの人類学者フランシス・ゴルトンの定義によれば、優生学には「積極的優生学」と「消極的優生学」があり、積極的優生学は「優れた人間同士を掛け合わせて、優れた人間を生み出すこと」を意味し、消極的優生学は「劣った人間に子孫を残させないことで、社会全体を改良すること」でした。つまり「優れた人間だけなら社会をより良くできる。劣った者は削除せよ」と考えたわけです。

社会進化論と優生学に傾倒したドイツの精神科医は、「安楽死」の考え方を採用し、ヒトラーが障害者殺戮計画の中止命令を発令してからも、終戦までに20万人の障がい者の命を奪いました。その悲劇は後に「野生化した殺人」と呼ばれています。

ところで、私は、子供の頃に、ムシを踏みつけたり、引きちぎったり、火にあぶったりして殺して遊んでいました。母に昆虫の標本セットを買ってもらい、生きているカブトムシに赤色と緑色の2種類の薬品を注射し、徐々に足の動きが鈍るのを見て、征服者のような優越感を得ていました。ムシだけではなく、雑草はもちろん、花壇に咲く花を手当たりしだいに切りきざみました。戦時下の精神科医と同じように、無抵抗な動植物に生殺与奪権を行使していたのです。

保育者をめざす女子学生に「子どもの頃に土壌動物を殺してしまった体験について」のアンケート調査（佐藤英文による）をした結果、２２６名中99・１％の学生が何らかの形でアリ、ミミズ、ナメクジ、ダンゴムシなどの土壌動物を殺した体験がありました。殺した理由は、ただ「楽しかったから」「なんとなく」です。ほぼ、すべての女子学生は私と同じ悪人でした。

ムシを殺した経験のある多くの学生は、その体験で人への「やさしさ」が育っていくと述べ、研究者は「平和とは何か」「殺すことはどういうことか」を実感することで倫理観の発達が促されると主張します。確かに、私も「楽しかったから」「なんとなく」でムシを殺していましたが、暗黙のルールを学ぶ年齢になると殺さなくなりました。

今でも、毒を持っているムシや攻撃を仕掛けてくるムシが家に入ってきたら、仕方なく殺しますが、家の中をアリが行列を作って横断しても、クモが天井から目の前に降りてきても、ムシが通り過ぎるのを待っています。それは、私が過去に縁あって出会い、殺してきたムシたちへの罪滅ぼしだと思っているからです。

それでも、私は、生殺与奪権を行使して他の命を奪わなければ生きていけません。だからこそ、私たちにやさしさが育まれようが、倫理観が発達しようが、生殺与奪権の行使は自己中心的な悪だと自覚しつつ、詫びながら生きるしかないのです。

意図的に悪を実行する

ナチスによる弾圧から生き延びたドイツ出身の政治哲学者ハンナ・アレントは、ホロコースト加害者のアイヒマンの裁判を傍聴しレポートを執筆しました。アイヒマンは、ナチス親衛隊の中佐で、ユダヤ人を強制収容所や絶滅収容所に移送管理する任務を負っていました。彼の命令により、ユダヤ人が大量に虐殺された事実を受け、そのレポートは彼の非道な行為を明らかにするはずでした。

ところが、アレントが傍聴席で見たアイヒマンは「普通の人」だったのです。「アイヒマンは愚鈍なのではなく、奇妙なほどにまったく〈思考すること〉ができないのでした」(『責任と判断』)とするアレントの指摘と、ムシを「楽しかったから」「なんとなく」殺した私たちの語りは通底しているように思います。

「思考することができない」から、「なんとなく」生殺与奪権を行使したアイヒマン。その結末がどのような状況をもたらすのかを想像する余裕も、自責の念も罪悪感もない。このような悪の凡庸さは、指揮系統を管理していたアイヒマンのような上層軍人に限ったことではありません。ホロコーストやT４作戦の殺戮施設近くの住民も「見て見ぬふり」をする悪の凡庸さを備えていました。

では、Ｔ４作戦を主謀した精神科医は、「思考することができずに見て見ぬふり」だったのでしょうか。ヒトラーの中止命令が発令されても20万人の障がい者を殺したのは、なぜでしょうか。「楽しかったから」「なんとなく」無抵抗の障がい者を殺したのでしょうか。「優れた人間だけなら社会をより良くできる。劣った者は削除せよ」の命令に従順に従い生殺与奪権を行使しただけなのでしょうか。

「ナチ時代の患者と障害者たち」という移動展覧会に協力した神奈川県立精神医療センター所長・岩井一正氏は、「ドイツの精神科医と安楽死計画　第５回」（ＮＨＫハートネット）のインタビューで「殺害に関与した医師たちが、ナチズムの狂信者などではなく、患者思いの有能な精神科医」で「ドイツ的な律義さ、患者思いの懸命さが、ちょっと方向を変えると、治すための努力から命を絶つ熱心さに変貌」したようだと答えています。

なぜ、精神科医は隔離や断種ではなく、殺害を選択したのでしょうか。「ナチスはポスターで、重度の障害のある患者と、その世話をする看護師の青年とを対比させ、重度障害者の無益な命を未来ある若者が支えていることへの矛盾を喚起するようなプロパガンダ」を行い、「遺伝学的にだけではなく、存在そのものが経済効率的にも意味がない」うえに「負傷兵のために病院やベッドを空けておく必要もあった」からだと述べています。まるで、先ほど紹介した短編映画「我らの罪を赦したまえ」の導入部のようです。

つまり、Ｔ４作戦の主犯である「患者思いの有能な精神科医」は、プロパガンダの影響を受けつつ、「存在そのものが経済効率的にも意味がない」20万人の障がい者を殺戮した、というわけです。「思考することができる」精神科医は、なんとなくではなく、意図的に悪を実行したことになります。

一方で、その殺戮に関与しなかった「一部の小児科医の開業医」もいたようです。彼らは「診察を通じて、直接患者と頻繁に接していて、患者と人格的なかかわりがあるから」加担せずにすんだと言います。当時の小児科医の開業医は、現在と同じで子供1人、小児科医1人で診察を行い密なコミュニケーションをとっていたのでしょう。反対に、入院している精神障がい者は集団として扱われ、精神障がい者多数に対して精神科医1人で診察することが常だったようです。その対応が障がい者の大量虐殺の要因ではないかと岩井氏は推察します。

患者思いの有能な精神科医は、「思考することができた」人間でした。決して、「楽しかったから」「なんとなく」障がい者を殺したわけではない。障がい者の行く末を慮り、ドイツ国民の経済的な安穏を願った結果、大量の障がい者を殺しました。もっと、「一部の小児科医」のようにパーソナルなコミュニケーションがとれていれば、野生化した殺人者にならずにすんだのかもしれません。ただ、「一部の小児科医」が殺害に関与しなかったということは、「その他多数」の小児科医は関与していたということでもあります。

現在の日本に目を転じても、障がい者を生殺与奪する事件が散見されます。特に、入所施設のような密室の施設では、虐待が起こる可能性が高まると言われています。一時的に利用するデイサービスなどに比べ、障がい者が生活する入所施設は、「利用者多数に対して職員1人」の体制が多いのでパーソナルなコミュニケーションが取りづらい。くわえて、利用者以外の他者の介在が少なく、閉ざされた環境になりがちです。時代は違えども、職員体制は当時のドイツの施設と似ていないでしょうか。

精神科医は、アイヒマンのように「思考することができない」人間ではなく、「思考することができる」人間です。それでも、生殺与奪の権利を行使し、大量の障がい者をムシのように殺しました。つまり、私たちは思考できようが、できまいが、そんなものは関係がない。私たちは、他者の命を奪い、人生を左右する生殺与奪の力を与えられた悪人。それが親鸞の指摘した2つ目の悪の正体です。

凶悪な日本人

親鸞は、私たちは縁さえあれば1000人でも殺めてしまい、指1つで他者の人生も左右するエゴイストな悪人だと指摘しました。この節では、そんな私たちに潜む凶悪な番外編をご紹介しましょう。「はじめに」でも書いたように本書で扱う「悪」は、塀の中に入らなければならないような凶悪ではなく、品行方正を装っている普通の人たちに潜む悪です。そういう意味では、番外編は本旨からズレているので書く必要はないかもしれませんが、親鸞が指摘した日本人特有の凶悪な因子を知ってほしいのです。

現在、日本の殺人は半分以上が家族や親族によるもので、血のつながりのある者同士が大半です。世界的にみても、親殺しは、特別なルールを設けて厳しく罰するようにしてきました。特に、目上の人や親を敬うという儒教の考え方が強い日本では、近年まで、普通の殺人罪（親が子を殺す行為も含む）とは別に尊属殺人罪を設けて、親や祖父母を守るように強化してきたのです。ただ、親鸞が思索してから800年近く経っても、「親殺し」は、他の国にはみられない日本独特の現象と傾向だと言われています。

日本では、欧米と違って、面識のない人による殺人（例えば、通り魔殺人など）はあまり起こりません。一方で、加害者と被害者が知り合いであることが多く、特に親族間での殺人は非常に多い。なかでも、親殺しが子殺しを上回っていることも日本の特徴です。このような家族内での殺人には、2つの意味があるように思います。まず1つ目は、家庭が常に安全であるとは限らないということ。もう1つは、家族とのコミュニケーションがうまくいけば、自分が殺害されるリスクは、ほぼ一生涯無いということです。

古代日本では、大家族を1つの経済体として機能させることで、共同で仕事を行い、祖先への敬意を通じて家族愛を育ててきました。続く中世日本では、少数派の武士が、家族の尊厳と忠誠で家族愛を形成しようとしました。一方で、私たちは、長い時間をかけて家族愛を継承したにもかかわらず、家族間で殺し合う傾向が脈々とあるわけです。

ではなぜ、日本では他国に比べて、子供が親を殺し、親が子供を殺すような「健全ではない家族」が多く生まれるのでしょうか。子供と「川の字」で寝る日本人は、子供部屋で寝かせる欧米人よりも親族間の殺人が多いのはなぜでしょうか。逆説的ですが、それは、あまりにも家族を愛しすぎるために憎しみが沸点を超えるからだと思うのです。その証左に、私のクの字に曲がった足の手術に失敗した外科医は、さほど私を愛さず私も彼を愛さなかった。当然、殺めたい感情なんて生まれません。

他者には、愛想笑いを含めて偽りの愛で対応できますが、家族には本当の愛を与え、求めます。そのやりとりに疑念が消えなければ、憎しみが一気に沸点まで上がります。家族の結びつきが強いがゆえに、親を殺し子供を殺す可能性が高まるのかもしれません。

親鸞は、「親殺し」をテーマに「王舎城の悲劇」という物語を再編集しました。私なりに要約してみましょう。主人公は、父親を殺害したアジャセという1人息子です。

インドのビンバシャラ王と妻イダイケは跡継ぎがなく悲しみに暮れていました。占いで仙人の死後に男子が生まれると予言されます。しかし、仙人は死なず、痺れをきらした王は部下に仙人を殺させます。仙人は王を呪い、息子として転生し王を殺すと宣言しました。

イダイケは妊娠し、占いでその子が父を殺すと告げられました。出産後、ビンバシャラ王は子供の始末を頼みましたが失敗。その子、アジャセは成長し父と対立します。一方で、ブッダの教団を狙っていたダイバダッタが彼の信頼を得ました。

ダイバダッタの指示でアジャセは、ビンバシャラ王を幽閉し、食事を断ちましたが、母イダイケが食事を提供し生き続けました。これを知ったアジャセは母を監禁し、ビンバシャラ王を餓死させます。父の死後、アジャセは疫病に苦しみ、全身に瘡ができ、悶え苦しみ衰弱していきます。

そして、「王舎城の悲劇」は不可解なラストを迎えます。瘡だらけで疲弊した彼を見たブッダは、彼が父殺しの罪を反省していることを認め、反省心があれば救われると伝えます。アジャセの瘡は治り、正気を取り戻しました。彼はその後、ブッダの教えを深く信じ、教団の支援者となりました。

なんと、ブッダは絶対に生殺与奪は許さないと言っていたのに、その主張を覆して親殺しのアジャセを許しました。原典では、親殺しは認められていませんが、親鸞は、親殺しの極悪人でも救われるように物語を作り替えてしまったのです。

親鸞は、極悪人を救うために2つの条件を提示します。1つ目は「善知識」を得ること、2つ目はそれに「懺悔（ざんげ）」することです。善知識（善き教師、導き人）に自分の悪を後悔し、改め・懺悔すれば、親殺しは救済される、というわけです。

このような荒唐無稽な救済方法がどうして生まれたのでしょうか。その理由は、私たちは道徳的にも倫理的にも過ちを犯す存在であり、自ら犯した悪を償うことができないほど愚かだからです。だから、善知識に懺悔し悔い改めよ。そうすれば救われる、と考えたのです。次節でご紹介する「悪人正機」の教えにつながる親鸞の救済方法です。

縁に恵まれなくて不遇な人生を送っても、生殺与奪権を行使して動植物を殺しても、阿弥陀仏（西の極楽浄土に存在する仏）を信じてお任せすれば救ってくれる。もしも、親を殺しても善知識に懺悔すればいい。それが愚か者な私たちが生きる唯一の道だと親鸞は言います。このような絶対的な他力感は、地の底を這いつくばって生きる、八方塞がりの人間には唯一の救いだったのです。

人は善でもあり悪でもある

ここまでは、日本人の心性にある2つの悪の正体と番外編を見てきました。親鸞は、一神教のように「悪と善」を裁断します。私もあなたも、全員悪人だと断言するのです。歎異抄でもっとも有名な「悪人正機」では、「善人なほもつて往生をとぐ。いはんや悪人をや」と書き、「悪人は救われるのだから、善人が救われないわけがない」と逆説的な主張をしました。

善人は自力で救われる術を考えつくのだから、阿弥陀仏が手を貸す必要はない。放っておけばいい。でも、悪人は救われる術も知らないし、実行できる力もないから阿弥陀仏が真っ先に救いあげるんだ。普通に考えれば、努力して善行を積んだ善人が真っ先に救われそうだけど、そうじゃない。生きていくためには、どうしても悪を選んでしまう悪人が一番に救われる、救わなくっちゃダメなんだ、と親鸞は熱っぽく語りました。その思いは貧困層や被差別民を中心に信者を増やし、現在では日本最大の仏教教団（浄土真宗）になりました。

しかし、悪の問題を考える時、親鸞のように悪と善を裁断することは正しいのでしょうか。白黒ハッキリした考え方はわかりやすく、聞き手に迷いを与えません。ただ、私は先にマルクスの例を出したように二元論という決めつけが納得し難いのです。私は、「この人は悪人、あの人は善人」ではなく「私もあなたも悪人であり善人。悪と愛（善）は混ざり合った状態がノーマル」だと考えています。このような曖昧な状態に拘（こだわ）るのは、私が障がい者のような健常者のような曖昧な人間だからかもしれません。

確かに、親鸞が指摘する2つの悪の正体は、根源悪としては頷けます。ただ、私は、親鸞のように一神教的に悪と善を裁断する二元論の考え方には疑問が残る。それなら、多神教的な考え方を採用すればいいのか、となりますが、ここでも一神教的か多神教的かという二元論は、問題です。

私は、「信仰」としては一神教的に親鸞のいう阿弥陀仏を信じていますが、「人生の考え方」

としては多神教的なものを取り入れています。2段ロケットに喩えれば、基壇が一神教で上段が多神教というイメージです。こんな曖昧な考え方に同意してくれるのは、神学者のディヴィッド・L・ミラーです。彼は、「ある人が仮に一神論的信仰を告白したとしても、その信仰の人生の文脈の中におけるあらゆる体験を説明するためには多神論的神学を必要とする」（『甦る神々——新しい多神論』）と書き、2段ロケットを是として、一神教の信仰を持ちつつ多神教的な考え方を持つことは可能だと書きました。

ミラーの一神教と多神教の混合論を「悪と善」に置き換えて議論しているのは、エーリッヒ・フロム（『悪について』）です。彼によれば、悪は生とは反対の概念で、人間以前の状態に向かわせるものであり、それは破壊的で物質的、さらに退行的な性質を有しているとされています。この考え方は、悪が人間の原初的な状態に近いものであり、人間性の一部として存在するという視点を示しています。一方で、彼が生（善）と捉えるものは、創造的な愛であり、その中には慈しみ、不確定性、そして未来志向性が含まれています。これは、人間が持つ可能性と成長への志向性を強調した積極的な側面です。

フロムは悪と善の問題を「人類は退行し、かつ前進もする」と述べ、「人間は善でも悪でもない」と考えました。また彼は、言葉をかえて「人間は狼でもあり羊でもある」とも語っています。人間は、生を愛するとともに死を愛し、理性的であろうとするとともに情念に突き動かされ、善に従って生きようとするとともに悪を渇望する。人間は、相反する要素を内包している厄介な生き物だというのです。これこそが、フロムが語る複雑で矛盾を抱えた「人間の心の特質」です。

結局、私たちは、親鸞が説いた根源悪を携えながら、悪と善の間を退行しつつ前進しながら、時には羊となり他者に食われ、時には狼となり他者を食いながら生きていくしかないようです。

第3章 悪人は創造者である

制限を受ける者たち

悪人は創造者である。そんな思いを深めたのは、私が主宰するインカーブの「障がいのあるアーティスト」たちと出会ってからです。本章では、悪人だから創造者になった2人のアーティストをご紹介しましょう。彼らは、塀の中にいる悪人ではなく、日常使いの悪をたくさん持っている悪人です。という意味では、私もあなたも共通する点が多いはずです。

私は、20年以上、知的に障がいのあるアーティストたちと生活を共にしてきました。日本の社会や文化の建前は、私を含め彼ら障がい者は擁護すべき者で、悪いことなんてするわけがない、心の澄んだ人たちばかりだ、と考えがちです。

でも、本当にそうでしょうか。今まで書いてきた私の悪人ぶりを思い出していただければ「障がい者は善人である」とは言い切れないことに合点がいくはずです。私は、アーティストたちのタブー視されがちな悪性を知ったおかげで、人間の精神の深遠さを学びました。

私もインカーブの30名のアーティストも、何かしらの「生活の困りごと」を持っている、という意味では同じですが、その障がいは一様ではありません。私は、コップを床に落としても拾うことができませんし、パンツもシャツも素早く着脱できません。寝返りをうって布団がズレても、それを直すのは一苦労です。一方で、知的に障がいのあるアーティストには、多動の人がいればノンバーバルな人もいます。

本章の理解を深めるために、そもそも「障がいとは何か」を簡単に俯瞰しておきましょう。障がい者関連法のなかで憲法的な位置付けとされる障害者基本法では、障がい者を「身体障害、知的障害、精神障害（発達障害を含む。）その他の心身の機能の障害がある者であつて、障害及び社会的障壁により継続的に日常生活又は社会生活に相当な制限を受ける状態にあるもの」と定めています。なかでもポイントは、障がい者は「〝障害〟及び〝社会的障壁〟」により社会生活に制限を受ける者だ、という点です。

私は、年がら年中、身体に「痛み」があります。この痛みが私にとっての「障がい」です。この痛みがある限りにおいて私の社会生活は制限されています。車椅子を使う私は、エレベーターのない階段だけの建物の上層階に行けません。オーナーシェフに「力持ちのメンズが車椅子を担いで、3階のレストランにご案内させていただきます」と提案されても、そのメンズが手を滑らせて、車椅子ごと階段を転げ落ちる可能性がないこともない。私にとっての階段は「社会的障壁」であり、私の社会生活を制限しています。

インカーブのアーティストで特に多い障がい属性は「知的障がい」です。日本には知的障がいについての明確な定義はありませんが、厚生労働省が行った「知的障害児（者）基礎調査」では、「知的機能の障害が発達期（おおむね18歳まで）にあらわれ、日常生活に支障が生じているため、何らかの特別の援助を必要とする状態にあるもの」とされています。

また、文部科学省では、「一般に、同年齢の子供と比べて、『認知や言語などにかかわる知的機能』の発達に遅れが認められ、『他人との意思の交換、日常生活や社会生活、安全、仕事、余暇利用などについての適応能力』も不十分であり、特別な支援や配慮が必要な状態とされ」「その状態は、環境的・社会的条件で変わり得る可能性がある」と言われています。その原因は、私と同じような染色体異常や神経皮膚症候群、先天代謝異常症、脳奇形、てんかんなどの発作性疾患を含め多岐にわたっています。

インカーブには、知的に障がいのあるダウン症のアーティストがいます。彼は、年がら年中、夢想しています。見ず知らずの見学者に「昨日、一緒にご飯食べたけど、ほんま、おいしかったな。あれからカラオケいったやんか、めちゃめちゃ、歌うまいやん。ほんで、あんた、誰なん」と満面の笑みで声をかけ、時々、性別に関係なく身体を触ります。

声をかけられ、身体を触られた人は、呆気にとられるか、無視するか、話に合わせて円満に凌ぐ（咄嗟に出るその態度は知的障がい者の家族がいる者か、それなりのレベルに達した社会福祉関係者）かの3タイプです。

彼は、夢想することで喜怒哀楽を外に吐き出しているようです。それを無視されると、不愉快になって暴言を吐き、1日中落ち込むこともあります。という意味では、夢想することは、彼の障がいです。また、見学者の障がい者理解や対応がそれなりのレベルに達していなければ、その人は彼の社会的障壁にもなります。このように障がい者は、それなりの生活の困りごとをたくさん持っています。

日本の社会や文化は、生活の困りごとで生まれた「障がい者が創りだす悪」を表立って話題にすることを避けてきました。正面切って、その悪を罵ることも、見下すことも、タブー。でも、その中には、途方もない創造性が宿っているのも事実なのです。

善良なるものは創造しない

思想家のエミール・シオランは、フロムの「人間は狼でもあり羊でもある」という言説から「羊でもある」の部分を取って「人間は狼である」と書くはずです。彼は、「善良なるものは創造しない。それは想像力を欠いている」(『悪しき造物主』)と主張し、善悪を区別して悪だけを排除する単純な一神教的思考を痛烈に批判しました。

シオランが書く「善良なるものは創造しない」とする決めつけは、この世を創造した神は「悪しき創造主」だった、という彼の主張に符合します。私は、それに完全に同意するわけではありませんが、宗教に関わる部分はさておき「善良なるものは創造しない」、つまり「悪しきものは創造する」ことに同意します。また、「善良なるものは想像力を欠いている」ゆえに「悪しきものは想像力がある」ことにも納得です。

ここでいう「創造性」とは、新しいものを初めて作り出すことで、「想像力」とは、実際には経験していない事物や現象を頭の中に思い描く力だとご理解ください。このような想像力が欠如していれば、創造はできません。浅い想像力は、単なる日常からの逃避で、私たちの思考の表面を軽く撫(な)でるだけです。一方で、深い想像力は、私たちの存在そのものに関わり自律的な動きを見せることすらあります。

想像力には、子供の頃に密かに味わった「悪い想像」も含まれています。初めて嘘をつく、初めて物を盗む、初めて手加減なしに暴力を振るう、初めて性的な妄想をするなど通常抑圧されている欲求が、想像の深みを通じて顔を出します。その悪の本能や願望は激しく、ときに乱暴です。でも、それを発散しないと、大人になってから爆発することが多い。悪を手懐(てなず)けるには子供の頃が適しています。

子供の密かな悪い想像は、ヒトカタマリの時間から生まれるものです。でも、大人は、引き籠もりはダメだとか、友達をたくさん作れとか、孤独はいけないなどと、無自覚にそのカタマリを壊そうとします。このような悪意のない善意は困りものです。他者との間に壁を立てることで個性が生まれるはずなのに、その壁を取っ払うのに懸命な大人が個性的に生きてほしいと子供に要求するのは本末転倒です。

「たくさんの友達と仲良く、正しく生きる」ことは、もちろんいいことです。ですが、大人が思う「善いこと」をすべて子供に押し付けてはいけません。押し付けられ、抵抗できない子供は、それが建前であっても善い大人を目指そうとします。

善い大人は、道路に唾を吐きませんしゴミなんて捨てません。無駄遣いはせず、リサイクル商品を使い、自然由来の洗剤を使って水を汚さないでしょう。選挙には必ず行くし、選挙速報も見るはずです。会社では上司には盾つかず、立場をわきまえます。そんな合理的な善い生き方は、きっと、間違いじゃないけど、そんな社会も大人も息が詰まりそうです。総じて善いことは面白くないし、魅惑的ではありません。

シオランは、「悪には、他を魅惑すると同時に他に感染するという二重の特権」があると書きました。その特権は、まず子供が享受すべきなのです。きっと彼なら、「善良なる子供は創造しない、つまり悪しき子供は創造する」と言ったのではないでしょうか。

危険は価値の証

私は、小学校の頃、親と喧嘩して「死んでやる、2度とこんな家に帰ってくるか」と啖呵を切って家出したことがあります。自転車で町内を1周し、親が探し回っていることを期待しつつ、家に帰ると居間のカーテン越しに母の姿と笑い声が聞こえました。きっと、死ぬわけがないと高を括っていたのでしょう。そんな母を見て、私は、がぜん「死んだふり」を仕掛けたくなりました。

家の地下に停まっている軽トラックの荷台に潜り込み、寸角の木材の間に身体を埋め、仕上げにブルーシートを被れば、私が荷台にいることは誰にもわかりません。寒くなってきたので、木材の端材を服の中に入れて身体を暖めていたら、いつの間にか眠ってしまい、気がついたら夜でした。

軽トラックの周りから、近所の人の声が聞こえます。「自転車はそこにあるから、そんなに遠くにはいってないはずやで、探してきたるわ」「いつから姿が見えへんなったんや……もう、警察に届けたんかいな」。母は「昼ごろに、自転車で帰ってきたはずなんやけど……お腹が減ったら顔を出すと思って、晩ご飯を作って待っててん」と涙声で話しています。

現場から帰ってきた大工の父親は、開口一番「お前はアホか。あいつは、逆上したら、何をするかわからん。なんで、引き留めへんかったんや」と母を怒鳴りつけました。やり過ぎた死んだふりを詫びなければと思いつつ、それでも私は朝まで荷台から降りませんでした。

死ぬってことも、家出するってことも、真っ赤な嘘です。両親も近所の大人も、まんまと引っ掛けてやりました。その爽快感から軽トラックの荷台でほくそ笑んでいました。それは、私が親に起こした、反抗期最大の宣戦布告でした。警察に通報される前に嘘をバラし、体(てい)の良い言い訳で、その場を丸く収めましたが、その時についた悪い嘘は身震いするほど魅惑的でした。

稀代の哲学者の鶴見俊輔は、私の寸劇のような「死んでやる」を実行した人です。彼の父は大政治家、姉は一流の学者。経済的にも恵まれた環境で育った彼でしたが、母との関係は悪く、壮絶な戦いのあげく、小学生の頃には、「手首を切るとか、カルモチンのむとか、たばこの『バット』を食べるとか」(『あなたが子どもだったころ』)して自殺未遂を繰り返したそうです。

ある時、鶴見少年は「致死量をのんで渋谷の道玄坂をフラフラ歩いてたら巡査に捕まって、ピンタをとられてね。巡査とやり合ってるうちに、だんだん崩れてきたんで、あの辺の病院に担ぎ込まれた。管を入れられて吐かされ」たと言います。

でも、本気で自殺したいなら、カルモチン(鎮静催眠薬)なんか飲む必要はありません。もっと素早く自死できる方法はいくらでもあります。自殺未遂を繰り返す鶴見少年は、「だけど本当は、自分の心の底ではね、完全にいっぺんこっきりに死にたくないんですよ」と「一縷(いちる)の生きる望み」を持っていました。強がりにも思える「おれは悪い人間だから死ぬ。悪い人間としてしか、おれは生きられないんだ」という自虐は、母への復讐であり、宣戦布告だったのでしょう。

世間では、このようなウソは悪と言われています。当然、自殺未遂も絶対的な悪。決して奨励するつもりなんてありませんが、しかし、だからと言って、それをきれいさっぱり排除するのもどうかと思うのです。鶴見少年が大人になり稀代の哲学者になったことを考えれば、シオランの「悪しきものは創造する」という説もあながち間違いではないようです。

子供から大人に変化する時に、何らかの意味で悪が関連していたことに気づく人は多いのではないでしょうか。悪の存在を認識しつつもそれを摑むことができなかったり、恐がってスルーした人よりも、生と死の狭間にあるような魅惑的な悪を手に入れた子供の方が、より創造性豊かな大人に成長するように思うのです。

このように悪は危険だし、一歩間違えば、悪の道に引き込まれる可能性もある。それでも、私たちは、危険は価値の証だということも知っています。悪は、無いほうがいいようにも思いますが、無ければ生きていけないようにも思います。それは思いの外、二面性や逆説性を持っていて飼い慣らしにくい。だからこそ、悪い自分を失いたくない。そんな不純な願いは誰にでもあるのではないでしょうか。

行き場を見つけたカッさん

25年ほど前、私の前におしゃべりな「悪しき創造主」が現れました。その主は、インカーブのアーティストのカッさんです。私は、身体の痛みを飼い慣らすために、自らの身体と途方もないほどの時間をかけて対話をしてきました。かけた時間だけ精神は強靭になり、幾重にも張り巡らされた社会的障壁を破壊するためのイカリも手に入れました。

しかし、知的に障がいのあるカッさんは、自らの障がいや社会的障壁に立ち向かったわけではありません。世間に自らの境遇を異議申し立てしたわけでもない。その代わりに彼は、鶴見少年以上の宣戦布告をしました。

ところで、本節以降に登場するインカーブのアーティストの実名は伏せることにします。例えば、「知的に障がいのあるダウン症のアーティスト」のようにぼかしたり、仮名で書きます。仮名を使っても「きっと、あのアーティスト」だと察しがつく場合は、彼らの悪人ぶりの本筋はそのままで、私の独断と偏見で脚色します。

なぜ、こんなに回りくどいことをするのかというと、世の中には言われない差別的な言葉を彼らに投げる悪人がたくさんいるからです。特に匿名（とくめい）の悪人ほどタチが悪いヤツはいません。きっと、ヤツらは子供の頃に悪を吐き出せなかったか、吐き出す量が少なかったのでしょう。本書では、そのような塀の中に入るべき悪人には言及しませんが、悪態は面をさらしてつくものです。一方で、私もあなたもアンコンシャス・バイアスという無意識の偏見を持っていることを忘れないでください。本書で扱う恨みや妬みなどの悪は、この無意識の偏見から生まれてくることがほとんどです。

少し横道にそれましたね。では、おしゃべりな悪しき創造主のお話に戻りましょう。養護学校（現在の支援学校）を卒業したカッさんは、職業訓練校に1年間ほど通いました。そこで苛烈な差別があったと言います。軽度の知的障がいのある同級生たちから「なんで、お前は分数も英語もできひんのや、このボケ、死んでまえ」と毎日のように罵られていました。

職業訓練校を卒業した彼は、20年近く、父親の大工仕事を手伝ったと言います。その後しばらくして、父親が他界。母親と姉との3人暮らしが始まります。そして母親も他界。ほどなくして、姉との2人暮らしが始まりました。

大黒柱の父親が亡くなってから、カツさんは仕事もなくなり、日々をぶらぶらと過ごしていました。同居する姉との関係は悪く、彼の無為な生活態度は姉の不満を一層募らせました。

姉からは、「今日も何もしてへんのかいな」と非難する声が毎日のように家に響きます。カツさんはその言葉を無視し、何事もなかったかのようにテレビを見て時間を潰します。2人の会話はいつも短く、時々、厳しい言葉が交わされるだけでした。

姉は、夜が深まり、その静寂の中でカツさんの足音が聞こえるだけで苛立ちが増したと言います。両親が他界してからは、2人には重たい感情が渦巻いていました。それでも、経済的理由から、姉弟は1つ屋根の下で、この複雑な関係を続けていかなければならなかったのです。

ある日、行き場のないカツさんが母校の養護学校の教員に連れられて私のところにやってきました。当時、私は、インハウスデザイナーを続けながら、休日を使って、知的に障がいのある方々向けの「アトリエ万代倉庫」という絵画教室を開いていました。デザインや絵画制作に興味があるというのならいざ知らず、絵心のないカツさんが、なぜ、私のところにやってきたのか、私もカツさんもあまり覚えていません。

カツさんは、アトリエに入るなり私に向かって「僕な、お父ちゃんと一緒に大工しててん。

大きな木材も運んでてん。図面もな、描いてん。そんな仕事あるんか」とすごいスピードでまくし立てます。私は、「このアトリエは、絵を描くところで、木材を運んだり図面を描くところではないねん」と言うと、すぐに納得してくれました。自分がしたいことではないけど、きっと、このアトリエが家以外の居場所になると理解できたのでしょう。

席についたカツさんは、色鉛筆で画用紙に平板な人や犬を描き始めました。でも、すぐに手は止まり、また、おしゃべりに夢中になります。父親と一緒にハウスメーカーの現場に行ったことや、雇用していた従業員が優しかったこと。昨日見た時代劇の斬られ役は、昔から斬られ役だったことや、今夜の晩ご飯は時代劇を見ながら食べることを立て続けにしゃべります。なかでも、一番おしゃべりに時間を費やすのは、カツさん自身の自慢話でした。行き場を見つけたカツさんは、とにかく嬉しそうなのです。

身勝手すぎる悪人

アトリエに慣れてきたカツさんは、誰かれなしにおしゃべりを仕掛けました。相手のことをまったく気にせず、自分が満足するまで自慢話を続けます。あまりにも、身勝手なカツさんに、周りにいる知的障がいのあるアーティストも苛立ってきました。

そこで私は、カツさんと別室に移動し、60号のキャンバスにテーマを設けず〝何かを描く〟ことを提案しました。当時、空間デザインを生業にしていた私は、クライアントから「予算は1億。300平米の敷地内に、最新家電を訴求するショールームをデザインしなさい。くれぐれも1年後のオープニング日は死守で」というような要求や命令を与えられなければ指ひとつ動かすことができませんでした。

要求も命令もない状態で何かを描くという無謀な挑戦は、2時間程で私が完敗しました。60号のキャンバスを前にして、私の面相筆はまったく動きません。青色のリキテックスにメディームを混ぜたり、面相筆からパレットナイフに持ち替えてもキャンバスは白いままです。最後は、なんの変哲もない青色を塗りたくっただけの物が完成しました。

絵心のないカツさんは、躊躇なくキャンバスに太い面相筆で通天閣を描きました。空は緑、道路は赤、人間は通天閣と同じぐらいのスケールがあり、やっぱり奥行きのない平板な形をしています。カツさんは、何かを描くことを容易く実行しました。その飄々とした筆捌きに私は降参したのです。

数か月後、カツさんの作品は面相筆を使ったアクリル画から線画に変わっていました。画面全体に歪な正方形と丸、そして記号の＋が配置され、透視図法で言う焦点がまるでなく、作品の上下もわかりません。描きはじめも終わりもわからない。その作品が美術館に展示された時、学芸員から抽象表現主義の巨匠ジャクソン・ポロックが得意としたオールオーヴァー・ペインティングのようだと評されました。

カツさんは、線画で描かれた正方形や丸は「建物を上から見たとこやがな」と教えてくれました。建物の平面図を描いていたのです。「お父さんと一緒に仕事してた時に、図面を真似てよく描いててん。図面通りに作らな大変なことになるんやで、家が壊れてまうからな」。カツさんは、父親と過ごした幸せな時間を回想しているようでした。

今では、作品を目当てに世界からコレクターがやってくるほどで、カツさんは「計画教育の中では規格外とされた『知的障害者』である。しかし、海外では2メートル四方の絵が400万円で売れる人気の画家だ」「渡航経験がなくとも、真のグローバル人材だ」と新聞で報じられました。

そんなカツさんは、鶴見少年以上に激しい「悪しき創造主」です。アトリエを第2の居場所にしてからも、姉弟の喧嘩が絶えません。弟の口撃を連日連夜聞かされた姉は、疲労困ぱいで精神的に追い込まれました。日本の親子喧嘩は死を予感させますが、血がつながっている姉弟も同じようなものかもしれません。

姉から「文句ばかり言うんやったらアトリエを辞めてしまえ」と怒鳴られたカツさんは激怒し、姉の髪の毛を鷲掴みにして廊下を引きずり、殴ったのです。後日、「ほんま、殺されると思いましたわ」と姉が話していました。

鶴見少年は母に手を上げませんでしたが、カツさんは姉に手を上げました。姉が死を覚悟するほど何度も殴り続けたのです。そして、カッさんは姉に「熊に喰われて死んでもたる」と言い残して家出しました。

一報を受けた私とスタッフは、カッさんが行きそうな食堂やスーパーマーケット、学校や駅を捜索しましたが、見つかりません。警察に届けようとしていたら、見知らぬ旅館の女将さんから電話が入りました。「いま、カッさんと言われる方がこちらに来られて、晩ご飯を食べておられます。どうも、様子がおかしいんです……首に掛かっていたネームカードにお宅の名前があったので、お電話させていただきました。カッさん、ご存じですか」と矢継ぎ早に告げます。

早速、スタッフを旅館に行かせました。「ぼく、熊に喰われて死のうと思って、日本海まできてん。その前に、どうせ死ぬんやったら、たらふく美味しいもん食べようと思ってな。そんなとこに立ってんと君も座って食べや。ここの蟹はうまいで」。酔っ払ったカッさんが、畳に肘をついて、ナイターを横目で見つつ、スタッフに晩ご飯を勧めてきたそうです。

姉を殴ってしまった事実と死んでしまいたい欲望がカッさんを遠く日本海に向かわせました。たらふく蟹を食べ、無銭飲食で通報される前に自殺することを考えていたカッさんでしたが、悲愴感や罪悪感はみじんもなかったようです。

姉を殴り、熊に喰い殺されることを願ったカッさんは身勝手極まりない悪人です。その悪態は、アトリエに通えなくなり、図面を描けなくなる恐怖から生まれたものでした。図面さえ描いていれば、父や母と暮らした幸せな時間に浸れる。それを奪われるくらいなら死んでやる、と思いながらも酔っ払ってナイターを見ていたのです。

数年前から、カツさんは姉と別々に暮らすようになり、罵り合うこともなくなりました。高齢者になったカツさんは、耳が遠くなり、歯が抜け、杖をつくようになって、表情は温和になりました。ただ、生死がせめぎ合い、怒りが渦巻いていた時の方が作品は輝いていたように思います。

私が仕掛けた寸劇のような自殺騒ぎや鶴見少年の自殺未遂、カツさんの暴力行為と自殺未遂、そして無銭飲食は、どれも社会的に受け入れられる行動ではありません。これらを異常な行動と捉える人もいるでしょう。しかし、それらは「悪しきものは創造する」ことを証明しているように思うのです。

いたずらのような悪もある

私は、小学校の頃、京都の四条(しじょう)あたりに住んでいました。当時の遊びは、御所で鬼ごっこをするか、二条城のお庭で石投げ。そんな無邪気な遊びに飽きたら、烏丸(からすま)にある大丸や高島屋の百貨店に行って「万引きごっこ」をしていました。

ある日。1階にある化粧品売り場にある口紅を盗んで、3階の婦人服売り場にあるスーツの上着のポケットにこっそり入れ、5階のおもちゃ売り場でタイガーマスクの人形を盗んで地下の食品売り場で積まれている弁当の隙間にねじ込み、屋上にあった小さな観葉植物を1階の受付の女性にバレないようにカウンターの隅に置きました。

私は、商品に手を伸ばし、店員の視線を感じるとニヤリと笑い、走り出します。店員は慌てて「待ちなさい！」と金切り声で叫びながら追いかけてきます。私は、エスカレーターを走って降りながら店員をまきました。追いかけてくる足音が遠ざかると、私は商品を元の場所に戻し、満足して百貨店を出ました。

自分で決めた万引きごっこのルールは、盗んだ商品を店外に持ち出さないこと。そもそも、商品が欲しいわけではないし、お金に換えたいわけでもありません。私は、場違いなところから発見される商品を見て不審がる店員や、足に拘束具をつけた子供が盗んでいる姿を見て驚く店員を見たかっただけです。度が過ぎた遊びだとわかっていても、そのスリルが快感でした。

でも、犯行を繰り返すたびに、店員は、私の挑発に動じなくなりました。商品の配置が変わるだけで万引きされたわけでもなく、店員の業務は増えるにしても、売り上げがマイナスになるわけでもない。とうとう、店員のすぐそばにある商品を持ち去っても追いかけてくれなくなりました。金切り声もあげず、怒鳴ることもない。そうなれば、がぜん興味がなくなりました。

私の万引きごっこは、半年足らずで終わりましたが、作家の田辺聖子の「万引き衝動」は

「小学校六年生ぐらいから女学校二年ぐらいまで」続いたそうです（『あなたが子どもだったころ』）。「大きな古本屋さんがあったんだけど、店員さんが少ないもんだから、目が行き届かなくてほんとにスッと取れそうに思うの。なんべんもしたろかしらなんて思うけど、ついにできない。それも、とくに、お金があるときにかぎって万引きしたくなる」。田辺少女は、3年間も万引き衝動に苦しめられます。その苦しみから解放されたのは、「スッとレジのところへ行って、本買うてからちゃんとここで払えば、イライラしなくて済むのにということを発見」したからだそうです。

長く万引き衝動が続いたということは、田辺少女はアディクションの入り口にいたのかもしれません。少し専門的な話になりますが、日本学術会議（臨床医学委員会）では、「覚醒剤や麻薬、アルコールなど特定の物質を繰り返し摂取する行動を『物質依存』、それ以外のギャンブルやオンラインゲームなどの特定の行為・行動を繰り返し行うことにのめり込んでしまった状態を『行動嗜癖』とし」、両者を合わせてアディクションと定義しています。

いずれにしても、アディクションは、身体や心、社会生活に悪影響を与えるとわかっていても、自分の意志で制御するのが難しい状態のことで、このような衝動は、大人だけでなく子供にも見られることがあります。

盗みが悪いことは理解しながらも、子供心には、その行為は魅惑的に感じられるものです。教室に落ちている鉛筆を知らない顔をしてくすねてみたり、親の財布から小銭を盗んでみたりという経験は誰にでもあるのではないでしょうか。それを単純に「悪」と断じるより、「子供のいたずら」と考えるほうがふさわしいのかもしれません。悪い行為だとわかっていても、その高揚感がたまらないから、手が出てしまうのです。

人間が飢えれば、悪いことだとわかりつつも、他者の食べ物を盗み食いします。食べ物は必要不可欠だから、それはそれで仕方がない。子供が生きて成長するには、何かを手に入れなければなりません。そう考えると、子供が何かを盗む衝動や行為は、成長する上で避けられない行動とも考えられる。一方で、私も田辺少女も、結果的に盗まなかったということは、生きる上で必要不可欠ではなかったからでしょう。

ところで、インカーブには、必要不可欠なものを盗むアーティストがいます。法で罰せられても、湧き上がる衝動を押さえることが難しく、悪を実行します。そんな不合理な彼の生き様から放たれる作品は、国内外で評価が高く、アートコレクターも年々増えてきました。次節では、カツさんとは一味違う悪人をご紹介しましょう。

アンビバレントな悪を許してしまう

もう1人の「悪しき創造主」はブンくんです。彼は、カードローンを重ねて未払いのまま放置し、その借金で買い物をします。その商品をSNSで転売し、収入を得ます。そのツケがたまると自己破産を繰り返し、限りなく借金をゼロにしたうえで、また買い物をします。悪事を繰り返さないように諭す私もインカーブのスタッフも弁護士も騙します。

それでいて、気遣いができて、後輩たちの面倒見がいい。乱暴者は大嫌いです。インカーブで作品を描き続ける理由は、まずは自分が楽しみ、次いで鑑賞者を楽しませるためだとメモをくれました。彼はノンバーバルではありませんが、ほぼ、インカーブでは言葉を発さず、必要があればメモでコミュニケーションをとります。

そんな悪人と善人の顔を持つアンビバレントな彼と出会ったのは20年ほど前です。当時から、インカーブのお昼ご飯代を支払ってくれませんでした。病気がちな両親に食事代を請求することもできず、結局、十数年分の食事代を立て替えていました。それでも、ブンくんは悪びれた様子はなく、昼ご飯を食べて、作品を制作します。

ブンくんの作品には、擬人化したキャラクターが度々登場します。表現される作品はいわゆるカワイイ系で脱力系です。ブンくんの悪性が深まれば深まるほど、作品のクオリティは増し、それと符合するようにアートコレクターも増え、国内有数のアートフェアにも度々出品されてきました。

ブンくんは、悪事がバレても法的な処罰を受けても動じません。「いざとなったら、刑務所に入る覚悟もある」とメモにあります。彼は、私や田辺少女とは比べ物にならないほど重度のアディクトです。一般的にアディクションの支援は難しいと言われています。その上、ブンくんには知的障がいがあり、父親は他界し、母親は持病があり自宅で在宅介護サービスを受けています。ブンくん家族の経済状況は年々厳しさを増すばかりですが、ブンくんは母想いで、両者はつながりが強く、別々に暮らすなんて考えたくもない、と口を揃えて言います。

インカーブの主たる業務は「障がい者の生活介護」ですが、実際には家族への配慮やケアも大切な仕事です。特に、知的障がいのある方々は、母親との絆が強く、母親が健康を害すると、その影響が障がいのある子供にも現れることが多い。それは同情というより自己移入に近いものです。ブンくんも同様で、彼をケアするには、母親の生活の困りごとをケアする必要があるのです。

初めてブンくんの悪事を知った時、悪さをしでかさないように叱咤激励(しったげきれい)し、ときに厳しい言葉を投げかけたり、懇願したり、なだめすかしたりしました。何度もお母さんと話し合い解決方法を探りました。でも、うまくいきません。なぜ、悪さをする必要があるのか、その背景に何が潜んでいるのか。それがわからないかぎり、ブンくんの苦しみがわかるわけがない、と悩み続けて20年以上経ちましたが、私は、ブンくんの苦しみの根っこがわからずにいました。

ある日。精神科医が「いまぼくは無駄な買い物をする必要はない」という「オマジナイ」をブンくんに授けてくれました。その術を右手の中に込めるように宣言し、手を胸に置きます。オマジナイの言葉や動作を胸に刻む、というのがポイントのようです。忘れがちなブンくんはスタッフ2人と一緒に、毎日、朝と昼前、夕方の3回をその儀式に当てています。

オマジナイは、「条件反射制御法」の1手法だと言われています。それは、薬物依存やアルコール依存、ギャンブル依存、買い物依存なども含めたアディクション全般の治療法で、「やめたくてもやめられない」悪い行動をやめるためには、アディクトに反省を促したり、家族への愛情を意識するだけでは事足りないと考えます。「やめたくてもやめられない」行動を意図的にコントロールする術がオマジナイというわけです。

私には、オマジナイをするブンくんの所作は何かに祈っているように見えました。ある宗教学者がマザー・テレサに「大変なお仕事をされているから、いろいろな困難があるでしょう。どうにもこうにもならないような状況になった時、どうなさいますか」と質問すると、マザーは「私は祈ります、朝まで寝ずに祈り続けます」(『ブッダに学ぶ　老いと死』)と答えました。祈りの先にあるのは、自己を超えた力や神のような存在なのでしょう。

同じような存在にアルコールや薬物依存症の回復プログラム「12ステップ」に出現する「ハイヤーパワー」があります。そのパワーは、自分自身を超えた、自分よりも偉大だと認められた力だとされます。まず、アルコールに対して無力であると諦観し、その上で自分を超えた大きな力に自分をゆだねていく。そのストーリーが依存症を回復に向かわせると言われます。

ブンくんの異常なアディクションがオマジナイで根治できるかどうかは社会福祉でも精神医療でもわかりません。自分自身の無力に気づき、祈ることで自己を超えた力や神のような存在に自らを託したかどうかもブンくんは教えてくれません。

きっと、あなたは、ブンくんの買い物依存症は気晴らしの次元を超えた悪の所業だと感じているはずです。そんな非常識な人間は、障がい者であっても、もっと厳しく処罰すべきだ、甘やかしているから図に乗るのだ。そもそも、ブンくんのアディクションの原因は、周りの人間が適切なケアを怠ったからではないか。人格を正すのと、思いのまま作品制作するのは、どちらが正義で、どちらが本来の社会福祉なのかと訝しく思っているはずです。

度を超えた悪事を奨励するわけではありませんが、ブンくんの悪性が暴れ出すほどに作品のクオリティが増し、毎日が充実しているように見えます。下降する日本社会を愚痴ったり、努力もせず未来を冷笑する人間より、毎日が楽しそうなのです。

最近になって、ブンくんが不正な方法で手に入れたお金の大部分は、家族の生活費に当てていたことがわかりました。愛してくれた人の生活を守るために、愛してくれた人と暮らしたいから、彼は悪を犯していたのです。そうだとわかっても、あなたは道徳的にも倫理的にも間違っている、と判決を下すでしょう。

一方で私は、彼と同じ悪人の血が流れているからでしょうか、彼のアンビバレントな悪を許してしまうのです。私の態度は、道徳的にも倫理的にも明らかに誤りです。到底、社会の正論には敵いません。そんな私にできることは、彼が、塀の向こうに行かないように、悪性が暴発しないように祈るだけなのです。

侵しがたい環世界

カッさんとブンくんは、年代も育った環境も異なりますが、彼らのアート作品には共通する特徴があります。それは、作品の中心的なテーマが変わらずに一貫していることや、同じモチーフを繰り返し使うことです。また、彼らは多様な画材を使わずに、1つか2つの種類に絞って使い続けています。加えて、2人とも他者には計り知れない独自の世界を持っています。

その世界を生物学では「環世界」と言います。1世紀ほど前に、ダニの生存本能に着目したヤーコプ＝フォン・ユクスキュルは、『生物から見た世界』で、すべての動物は自分独自の感覚世界を持ち、自分に意味のあるものだけを受容して生きている、というユニークな概念を提唱しました。

ある日、ユクスキュルは、茂みの中の木に登ってじっとしているダニを見つけました。ダニは、木の下を歩く動物の汗から発せられる酪酸(らくさん)という匂いを嗅ぎ取り、その身体めがけてダイブします。触覚で毛が少ない肌を探し当てて、そこに頭を埋めて血を吸うのです。栄養をしっかりと取ったら、ダニは卵を産んでその生涯を終えます。

人間は、自然の美しさを五感で感じることができますが、目も耳も機能しないダニにはそれが理解できません。ダニにとって大切なのは木の下を歩く動物です。それ以外のことはどうでもいい。このように生物は、自分にとって意味のあるものと無いものを分けて、自分たちの種に合った特別な世界を築いています。つまり、同じ場所にいても、異なる生物はそれぞれに異なる「世界」を生きているということです。ユクスキュルは、このような生物ごとに異なる世界の概念を環世界と名付けました。

マッチョな日本人は、全体主義的なワンチームが大好きです。彼らは、お互いがわかりあえていることを前提にチーム作りをしますが、環世界を基本に置いたチーム作りはそうではありません。人間を含めて生物は、それぞれの世界観を持っていて、それを侵すことは避けたほうがいいし、介入しすぎれば（殺し合いを含めた）喧嘩になってしまう。ダニのダイブを見てユクスキュルは、そう思ったのではないでしょうか。

カッさんとブンくんの侵しがたい独自の世界は、ブレることのない制作態度からも感じることができます。私のような商業デザインで生業（なりわい）を得てきた人間は、時代を読みながらテーマを考え、コストを管理し、クライアントの意向と気分を害さないように、慎重に言葉を選びながらチームでデザインを進めていきます。

一方で、カッさんとブンくんは、時代の先を読むことも、流行に迎合することも拒否することもない。自分が好きなものを好きなように描く、ただそれだけです。コストを気にすることなく、他者とコラボレーションするなんて邪魔くさい。クライアントの顔色をうかがうことなんて皆無です。

なかでもカッさんの環世界は世代を超えて影響を与えてきました。とある美術大学で行った彼のアートライブの様子をご紹介しましょう。

カッさんは、150名の学生を前に、いつものように作品を描いていました。1人の女子学生が「カッさんは毎日、同じような絵を描いてて、飽きないですか？」と質問すると、カッさんは「好きやから、飽きへん」と答えました。「私は子供の頃から絵が好きで……、だからこの大学にも来て……、だけど今では教授の顔色やウケをねらったものばかりが頭の中をかけめぐる……、好きだからって言えるカッさんは凄い……」と話し終えた彼女が泣きだすと、数人の学生も泣いていました。

カッさんの「好きやから、飽きへん」の「好き」は、ちょっとわがままな好きかもしれません。他者を慮った好きじゃないし、聖人君子のように他者を幸せにしたい、なんて思い上がりもない。だからこそ、女子学生は、その言葉にひれ伏したのではないでしょうか。

カッさんの環世界は、私の環世界とは違います。きっと、あなたの環世界ともまったく違うはずです。それをわきまえず、物事を単純に共有すれば相手がわかってくれると思うのは、あなたの傲慢さです。そもそも、神や仏ではない私たちは、他者を完全に理解することはできませんし、してほしいなんて求めるべきではありません。違いは違いとして認め、一緒に生きていくことが多様性です。だからこそ、その実現は簡単にはいかないのです。

私は、侵しがたい環世界をもつカッさんやブンくんを羨ましく思ってきました。いつか、彼らのようになりたいけど、なれるわけじゃない。だから、お互いの環世界が壊れないように、わかりあうことを求めすぎないようにしています。

第4章 日常使いの悪

ウソの分が悪すぎる

特異な創造者たち（自殺未遂常習犯だった稀代の哲学者や万引き衝動に駆られたアディクションぎみの小説家、知的に障がいのあるアーティストのカッさんやブンくん）は、その濃淡はさておき、「生活の困りごと」という障がいがありました。それを含めて彼、彼女の環世界だったのです。

私を含める「国が認定する障がい者」は、いわずもがな全人口からすると少数派です。厚生労働省の調査では、「身体障害者は約423万人、知的障害者は約127万人、精神障害者は約615万人（アディクションも精神障害の1つに数えられています）、障害者全体では約1165万人」だと推定されています。それは、人口の約9・3％に相当し、11人に1人に何らかの障がいがあるとされています。その数は、左利きの人やLGBTQの割合に相当するそうです。

ただ、世間体を気にして国が認定する障害者手帳を取得しない人もいます。その手帳の存在自体を知らない人もいます。そもそも、自身の障がいに気付いていない人もいます。そういった「隠れ障がい者」を含めると、実際にはもっと多くの障がい者がいて、その誰もがそれぞれの生活の困りごとを持っています。

例えば、人口の10％に何らかの障がいがあると、その事実は、残りの90％の人にはとても遠いものに感じられるはずです。しかし、障がいのある10％も、そうではない90％も、人間としての根本的な悪は、どれも似たり寄ったりだと思うのです。

障がい者だから生まれつき特別な悪性があるわけでも、健常者が発動する悪だけが凶悪なわけでもありません。私がそう考えるのは、障がい者であれ健常者であれ、同じように「生老病死」という真理をたどりながら生き、誰もが病を経験しなければ死を迎えることができないからです。

突然死を除けば、健常者であっても、短い場合は数日、長い場合は数年にわたり、否応なく病を患い障がい者の状態を経験します。誰もが障がい者になる可能性がある以上、健常者と障がい者の間に共通する悪が存在していても、決して不思議ではありません。

本章では、障がい者と健常者に巣くう「日常使いの悪」を探っていきたいと思います。障がい者であろうが健常者であろうが、私たちは、純度の高い悪意や悪意のない善意から平気でウソをついたり、自分の思うようにならないとイカリを爆発させます。不正、いじめ、差別、裏切り、嫉妬などの悪は、障がいの有無や貧富の差には関係なく存在するものです。

では、はじめに、誰もが人生において手放すことが難しい「ウソ」について考えてみましょう。悲観主義の哲学者が言うように、私たちの精神は衣服を纏（まと）うように虚偽に包まれていて、当たり前すぎて、気がつかないのがウソです。

ただ、ウソの表現は、人間より動物の方が一枚上手のようです。その代表例が、生存本能から生まれる擬態です。無害な生き物は、有害な生き物に似た色や形を持つことで、捕食者を欺こうとします。このように、ウソは生まれつきの防衛手段であり、自分を守るための基本的な行動です。この点で、人間も例外ではありません。

では、人間はなぜウソをつくのでしょうか。詐欺や虚言癖を除いても、日常生活の中で、私自身を含めて普通にウソ（本書では、〝だます意図〟と〝実際にだます行動〟をもってウソと呼ぶことにします）をついています。なぜなら、私たちは、自らと仲間を守るためにウソをつかなければならない、あるいはついたほうがよさそうな状況に置かれることが多いからです。

心理学では、成人の男女が1日でつくウソは約2回だと言われています。一方で、他者の行為をウソだと見抜けるのは男女とも1日に約0・4回。この差から、私たちは、毎日の生活の中で、ウソをつき、その一方でつかれたウソの多くを見逃しながら、円滑（えんかつ）なコミュニケーションを営んでいることがわかります。

では、円滑に生きるためにウソをつく私が悪いのか、つかなければならない環境に私を追い込む社会が悪いのか、さてどちらでしょうか。きっと、仏教の研究者（特に浄土系）は、「そもそもあなたは悪人だから仕方がない」と答えると思いますが、社会福祉の研究者は、「社会構造がそうさせるのだ」と憤（いきどお）るかもしれません。思想信条によって主張はそれぞれです。

いずれにしても、古今東西、人間は毎日ウソをつき、何とかその場を凌いで生きてきました。擬態のうまいベニモンアゲハは生き延び、下手なチョウは短命なように、私たちも「方便のウソ」をつけない者は大概、短命です。ちなみに、方便は真実に近づくための「巧みな手だて」

を意味する仏語(ぶつご)です。ウソは悪いけど物事が円満におさまるなら方便を使って乗り切っても良し、とする仏教の知恵なのです。

ところで、子供はいくつぐらいからウソをつけるかご存じですか。ウソをつくためには、相手の心を推論し、理解する能力、いわゆる「心の理論」が必要だと言われています。そんな高度な理論武装ができるのが5歳だとか。4歳以下の子供たちは、心の理論が十分に発達していないことや、うまく使えないことがあり、上手にウソがつけないようです。つまり、4歳以下の子供たちは、自分を守る術を持たない弱い人間です。だからこそウソを自由に使える大人の存在が大切だとも言えます。

相手のウソを正義の名のもとで糾弾することは高潔で、見て見ぬふりするのは卑劣でしょうか。開き直るわけではないですが、私は、ウソは悪いことではないし、致命的に騙されるのは嫌だけど、日常的に騙し騙される人間関係は微笑(ほほえ)ましくさえ思います。正義を声高に叫ぶ人より、見て見ぬふりする人の方が人間臭くて、私は好きです。

私たちの社会は、ウソの分が悪すぎます。その背景にあるのは「正直は正義」とする価値観です。親が自分の子供に「ウソは泥棒のはじまり」だとか「ウソをつくなんて、私の子供じゃない」なんて脅かしますが、ウソを常習的に使っている親が真顔で怒ってはいけません。ウソをついた方がいい場面なんかいっぱいあるのに、紋切り型の正直を絶対視する大人は大ウソつきです。

私たちはウソをつくこともあれば、自分なりの真実を話すこともあります。時には人のウソを見抜くことができる一方で、見逃してしまうこともあります。騙されることもあれば、真実に近づくこともある。そのどれもが人間らしさの本質なのです。

致命的なウソ

私は、致命的に騙されるのは嫌です。そう思うのは、致命的に騙された経験や騙した経験があるからです。そのウソは一撃で私と他者の人生を急転させました。信頼を寄せていた人からつかれたウソは、時を経ても、その切なさは消えません。

先述しましたが、私の父は、親友の借金の連帯保証人になり、証書に判子を押しました。翌日、親友家族は夜逃げ、私の家族も行き詰まり、見ず知らずの土地に逃げました。しばらくして両親は離婚し家族は離散。その後、父は度々、入水自殺を図るようになり、最後は入院先の病院の階段から落ちて逝きました。

父にウソをついて逃げた親友は、2度と私たちの前に現れることはありませんでした。最後に彼を見たのは、父の前で土下座をして、涙を流し、額を床に擦り付けている姿です。一緒に来ていた彼の妻はうなだれてうつむいたままでした。なぜ、大学生の私が同席していたのかは覚えていませんが、確かにその修羅場は私の前にありました。

彼の悲愴感とは逆に、妻は見当違いなほど大きな指輪と金色のブレスレットをつけ、化粧もしっかりしていて、香水の匂いも強かった。なかでも口紅が真っ赤だったことは鮮明に覚えています。私の母が嫁入り道具の着物やお琴、三味線などを質屋に入れて、家計の足しにしているのに、目の前の女は浮世離れした身なりをしている……2人の泣き落としはウソかもしれない、と私は思いました。母も疑っていたようですが、父は親友の期待に応えて、連帯保証人になりました。

翌日、父が彼に電話をしましたがつながりません。父と私は、彼の家を訪ねインターホンを鳴らしましたが応答がない。庭の窓から居間を覗いたら家財道具がありません。隣の工場にあった工具もなく、土間に雑誌や新聞が散らかっているだけでした。逃げる準備を終えてから、私の家にやってきてウソの涙を流していたことがようやくわかりました。

父は大工、親友は建具屋でした。2人は裸一貫で事業を興し、苦労を共にしてきたようです。相性も良く、父は、優先的に建具の仕事を彼に発注していました。休日には、彼の家族と一緒に海釣りに行き、私と同い年の彼の娘は、私に夜釣りの手ほどきをしてくれました。故郷を離れて暮らす者同士、信頼を寄せた数少ない家族だったようです。

そんな親友は、父だけではなく、職場の同僚からも大金を借りたり、建具の材料の代金を支払わずに転売してお金を作っていたようです。私たちの家族だけではなく、他にも夜逃げをした家族もあったとか。恨みを込めた噂なので、さほど信憑性はありませんが、彼の妻の浮世離れした姿を思い出すたびに、噂の域を越えていたように思えてなりません。

致命的なウソが、私たち家族の日常生活を一瞬にして奪っていきましたが、私は彼からウソを上手につく方法を学びました。彼の妻は三文役者でしたが、彼自身は金の取れる役者でした。

第2次世界大戦時、海軍にいた父は、「貴様と俺とは同期の桜」などと口説かれるとイチコロです。ウソが通りにくい午前ではなくて午後、それも疲れがたまっている夜にやってくるなんて認知神経科学の教科書通りです。加えて、父には「絶対に迷惑はかけない」と言いながら、したたかに逃げる準備を完了し、逃げ足も速かった。

私たちは、日常的にウソをつきます。そのほとんどは真実ではないかもしれませんが、不必要な衝突を避けたり、無用に自分や他人を傷つけることを防いでくれます。でも彼は、致命的なウソを粛々（しゅくしゅく）と実行しました。まるでプロの詐欺師のように、です。そうでないと、大の大人が何人も騙されるわけがありません。でもなぜ、苦楽を共にした父を裏切り、深く結びついた私たちの家族を粉々に破壊したのか。それも粛々と。私が父と母に致命的なウソをつくまで、長く疑問に思っていました。

ウソとマコトが混じり合う

人は、その追い込まれ方が限度を超えたり、守るものがこの上なく愛おしければ致命的なウソをつきます。私は、逝く前の父と母にそのウソをついてしまいました。

父は、家族が離散してから、雇われの大工として働いていましたが、施工中の家の屋根から落ちて頭を強く打ちました。その事故が原因で目眩が頻繁に起こるようになり、鋸を引いても歪み、釘も真っ直ぐ打てなくなりました。しばらくして天職だった大工を辞めました。その後、夜間の道路工事でガードマンをしていましたが、目眩でその仕事も長くは続けられず、生活保護を受けるようになりました。

親友にウソをつかれる前、父は私に「家族は何が何でも守る」と話してくれました。それは一時、行方不明になっていた父が家族を呼び寄せ、仕事も軌道に乗りかけた時期でした。でも、守るべきものを手放した父とつながっているのは私だけです。落ちていく男に親戚や友人たちも距離を取り、次第に縁が切れました。

夜逃げから3年ほど経った頃でしょうか。父は、生活保護の独身高齢者を優先的に住まわせる、風呂なし、共同トイレつき、木造2階建ての長屋に移り、そこが終の住処になりました。父の部屋は、西日しか入らない、ジメジメした1階の角部屋です。万年床の上にある蛍光灯をつけるとゴキブリが目を覚ましたように布団の上を這いずり回り、足場板を張っただけの床に敷かれたパンチカーペットは腐り、真っ白なウジが湧いていました。

長屋の隣には、その地域には場違いな現代アートのギャラリーがありました。金持ちのパワーカップルが外車を長屋の壁沿いに停め、屋外展示のオブジェを品定めしています。父の部屋に響くギャラリストの営業トークと脳天気な笑い声。しだいに無口になっていく父。まるで両者は、蟹工船の監督と乗組員のようで、如何ともし難い隔たりがありました。

苦労は買ってでもしろ、と先人は言いますが、限度を超えた苦労は、這い上がれない貧乏を呼び寄せます。そして、次第に貧すれば鈍する。貧乏は、性格や頭の働きまでも鈍くし、さもしい心が生まれます。限度を超えた貧乏が社会から父を葬り、生きがいをすべて奪い取っていきました。長期間にわたってストレスの多い環境に身を置いた父は、その劣悪な状況から這い上がる気力を失くし、物忘れや失禁が増え認知症の初期症状が現れてきました。

廃人のようになっていく父の願いは、別れた母に会うこと、できれば、一緒に暮らすことでした。「お母ちゃんに会いたい、おまえから、伝えてくれへんか」と、何度もなんども私に懇願しましたが、私は認めませんでした。きっと、母は手負いの父に会えば世話をするに違いないし、一緒に暮らそうともするでしょう。そうなれば、また父は母に暴力をふるったり、なじったりしかねない。歳を重ねた母に、もうそんな思いはさせたくありません。だから、私は、父に「お母ちゃんは会いたくないと言っている」とウソをつき、母には「お父ちゃんは新しい工務店の立ち上げ準備で忙しくしている」とウソをつきました。諭すように父に話せた訳でも、説得できたわけでもありません。終始、目を合わせず、一方的に伝えただけです。

埒が明かないと思った父は、私を介さず母に思いを告げようとしたようです。2人が決まった日に偶然会えるかもしれない場所。それが菩提寺でした。父は、盆暮れ正月、祖父母の命日は必ず塔婆を立て、花をお供えして、住職に近況を報告していました。父はお墓参りを通じて母と会えることを願ったんだと思います。でも、偶然は起こりませんでした。

母は、そのお供えを見ても、何も話そうとしません。父への思いが整理できていたら、少しは話題にしてもよさそうなのに、喜ぶわけでも、苦々しい表情をするわけでもない。でも、もしかしたら、母は父に会いたかったかもしれないし、よりを戻したかったかもしれない。私はそう思いつつも、最期まで母に尋ねる勇気がありませんでした。そして、2人は会うことなく逝きました。

愛する人を裏切る、という意味では、私も父の親友も似たり寄ったりです。父の親友は、借金の無心話ではなく1人娘の話になると、嗚咽しながら将来の不安や恐怖を何度も口にしていました。きっと彼は、目の前の修羅場を乗り越えれば道が開けるだろうし、娘が成長し、咎められたとしても受け入れるしかない、と覚悟を決めていたのでしょう。親友を騙そうが、その家族を壊そうが、娘のために金を持って逃げるんだ。たとえ世間の嘲笑を浴びることになっても、娘のために生き抜こう。私は、彼の嗚咽を聞きながら、それだけは真実だと感じました。

私にウソをつかれた父は無念ではなかったか……母は納得して逝ったのか……私の裏切りと親友の裏切りは同種のウソではなかったか。その問いに答えを出してくれる2人はもうこの世にいませんが、結局、私も彼も同じ穴のムジナだったように思うのです。

私は、今でも致命的に騙されるのは嫌です。しかし、人は愛する人を守るためなら、自らを破滅させても致命的なウソをつきます。周りとの関係を壊してでも、断固とした覚悟で、そのウソを完遂させようとします。

私たちは、ウソをつきながら正直に生き、正直に生きながらウソをつきます。ウソとマコトを混ぜ合わせて最適に生きようともがいているのです。もし、あなたの側に追い詰められた人がいるなら、その人はあなたに致命的なウソをつくかもしれない。そのウソを受け入れるか、知らない顔をするか、それとも突き返すか。すべてあなたの悪性次第です。

ウソより厄介な3つの毒

このようにウソは厄介者ですが、それ以上に厄介な日常使いの悪があります。仏教では、その悪を「毒」に言い換えて、程度の差こそあれ、障がいの有無や貧富の差に関わらず、誰もが生まれながらに持っている、と教えてくれます。その毒は、「煩悩」と呼ばれるもので、わかりやすく言うと「わかっちゃいるけど、やめられない」心の揺らぎです。

心の揺らぎは時も場所も選んでくれません。スマートフォンは便利なツールですが、SNSのチェックやゲームなどに過度に時間を費やせば、仕事や勉強、対人関係に影響が出て、認知機能が低下するとわかっていても指は動きっぱなしです。高カロリーで栄養価の低いファストフードやスナック菓子は、美味しくて安いから、ついつい食べ過ぎてしまいます。それが生活習慣病の元凶だとわかっていても、おやつのチョコぐらいなら大丈夫だと言い訳をします。

このような貪(むさぼ)りたい心は、執着、つまり拘りから生まれます。さらに、怒りや恨み、憎しみ、不正な考えなどの感情は、仏教では「三毒」と呼ばれ、貪(とん)（むさぼり）、瞋(じん)（いかり）、痴(ち)（おろかさ）という3つの状態を指しています。

あなたが毎日2回ウソをつく平均的な人なら、三毒を吐く回数は、その数倍か数十倍になるかもしれません。三毒の調査研究なんてありませんが、私事で考えれば妥当な数字に思えます。簡単に三毒の状態をご紹介しましょう。私は3つとも経験済みですが、きっと、あなたも心当たりがあるはずです。1つ目は「貪」です。私たちの欲望には限りがありません。何かを手に入れても、すぐに次の欲が湧いてくる、終わりのない欲求の連鎖を貪欲と言います。

必要のないお金や洋服、食べ物、家など、私たちは様々なものに対して貪欲です。なかでも、お金に目がくらむと家族や友人と疎遠になり、その執着がストレスや罪悪感を引き起こします。そして、いつしか他者を信じることができない人間になるのです。

では、この厄介な貪欲さをどのようにコントロールすればいいのでしょうか。仏教では「知足（ちそく）」といって「足るを知る」ことを勧めます。つまり、自分が持っているものや状況に満足し、それ以上の過剰な欲望を持つな、と言うのです。言葉を換えれば「身の丈を知る」ということです。必要以上に求めない。求めれば求めるだけ苦しみが増えていくので、求めずに足るを知り、身の丈を知れば心は安らかになるはずだ、と。でもそう言われても、おやつのチョコをやめられないのが、私たちです。一方で、善悪はさておき貪る私たちだからこそ経済が発展したとも言えます。

2つ目の毒は「瞋」です。このイカリや腹立たしい感情は一時的なものですが、時には人生を狂わせるほどの影響を及ぼすことがあります。さらに問題なのは、イカリが一過性で終わらず、恨みや悲しみとして心に深く根を下ろし続けることです。これらの感情は、人を不幸に導くだけで、決して幸せには導かない、と仏教では断言します。しかし、すべてのイカリは悪でしょうか。私はそうとも言い切れないと思うのです。後ほど、詳しく考えてみたいと思います。

ちなみに、イカリに対する最も効果的な対処法は忍辱（にんにく）だと言われています。他者からどんな仕打ちを受けても、耐える。日常生活で、他者から受ける辱めで心が痛んだり悔しい思いをしても、耐える。辛抱強く、我慢強く、耐えた人には最終的には幸せが訪れると信じるんだ。でもそう言われても、私はすぐに堪忍袋の緒が切れます。貪欲さと同じで、イカリを押さえ込むのは並の人間ではできそうにありません。

三毒の3つ目は「痴」です。痴とは、物事の真実を見誤り、間違った見方や思い込みに執着することです。人々が不平を言う時、「愚痴をこぼす」と表現されることがありますが、これは正しい理解や考え方からズレているにもかかわらず、自分の誤解に気付かずに不満を述べている状態を指しています。

仏教では、その愚痴とうまく付き合う方法として、身体と呼吸の整理を行い、愚痴の闇を晴らす坐禅が良いとされています。背筋を伸ばして、地球の真ん中に坐っているようなイメージで、ゆるやかに細く長く息を吐き出します。目は閉じず半眼を保って、顔を正面に向け、少し顎を引きまっすぐ前を見る。そのままの状態で1〜2メートル先の畳の上に視線を落とします。心を1か所に留めるために、呼吸に意識を集中し雑念を消す。それが坐禅だと言われています。

私は、臨済宗最初の専門道場で椅子坐禅を組んだことがあります。しかし、最初からつまずきました。まず、背筋を伸ばしてじっとしていることが難しい。それ以上に、吐く息を意識し続けることができません。帰りの高速道路は渋滞しないだろうかとか、晩ご飯に冷えたビールを買って帰ろうなどと、よからぬことばかり考えてしまいます。ブッダのように坐禅に集中すれば愚痴は減る、と言われても、そもそも坐禅の体がとれません。

三毒は「わかっちゃいるけど、やめられない」厄介者です。それは、いつも影のように私たちに引っ付いて片時も離れません。結局、私たちは三毒と一緒に生きていくしかないようです。

自制心の働く飼い犬にならない

改めて、先ほど保留した「イカリ」の感情について考えてみましょう。私が三毒の中でも、イカリを深掘りするのは、その感情が私の人生の変節点になりつつも、その扱いにいつも手を焼いてきたからです。私にとってのそれは、不可避的にもたざるを得ない感情でした。

歴史を振り返ると、イカリはしばしば否定的なものとして見なされてきました。多くの宗教指導者や哲学者たちは、イカリが個人や社会に悪影響を及ぼすと考え、その感情に対して批判的な立場を取りました。また、宗教や文化の伝統は、私たちがイカリという感情を克服し、自らを制御するように促したのです。特に激しいイカリは、問題を解決するどころか、事態をより複雑にし、混乱を招く原因になるとされてきました。

私たちは、イカリを感じると攻撃態勢に入ります。心臓の鼓動が速くなり、全身に血液を送り込むことで、筋肉に酸素が行き渡り、いつでも力を発揮できる準備が整います。また、汗をたくさんかくことで、相手をつかんだときに滑りにくくし、逃がさないようにします。

ところで、私たちがイカルのは、どのような時だと思いますか。それは、自分のアイデンティティを守る、家族を危険から守る、自分が所属するチームを守る時など「自分のなわばりを守る」時がほとんどです。イカリは、自分や守るべき人が威嚇（いかく）されたり攻撃を受けた時に対抗する感情なのです。

一方で、喜怒哀楽のイカリ以外（喜・哀・楽）は、ヒトやモノ、自然現象に向けられます。例えば、友人から褒められれば嬉しくなるし、心を込めて選んだプレゼントや贈り物が、何らかの理由で相手に受け入れられなかったら悲しくなります。公園で見かけたカラスの鳴き声で頭痛がしたり、ゴミを散らかされるとイライラします。

でも、私たちはモノや自然現象に対してイカリを感じることはほとんどありません。私が本書の第1章を書いている時に能登半島地震が起きました。この巨大地震は、日本の観測史上最大の地面の隆起を引き起こし、漁港が破壊され、広範囲で地面が液状化し、家屋が完全または部分的に壊れました。しかし、私たちは地震そのものに対してイカリをぶつけることはしません。せいぜい、港や道路の管理をしている人たちに何らかの対応を求めるくらいです。つまり、イカリという感情は他者が関わって初めて生まれるものだということを意味しています。

モノや自然現象ではなくて、他者に向けられるイカリだからこそ、そのコントロールが重視されてきました。イカリを鎮める抑制機能を自制心（セルフコントロール）と言い、それは将来のより大きな成果のために、自己の衝動や感情をコントロールし、目先の欲求を辛抱する能力だとされています。腹が立ったときに、相手を罵倒すれば気が済むかもしれませんが、そのために相手との関係まで失って大きな損失になる可能性が高いなら、それを避けようとして自制心を働かせます。

自制心のある常識人は、目先の利益にとらわれず、長期的な視点で物事を考えて行動します。長期的な利益を考えることで、理不尽な態度や言葉に対しても腹を立てません。もし自分が攻撃的になりそうなときは、その気持ちを抑えることができます。そんな常識人は、偏りのないバランスを保つ善い怒りも、極端に偏ったりバランスを崩す悪い怒りも、どちらも自制することが美徳だと教えられてきました。

この20年間で、自制心のある常識人は、善い怒りも悪い怒りも手放し、日本社会は大きく変わったように感じます。企業ではコーポレートガバナンスが強化され、個人においてはマイナンバーや適格請求書の導入により、社会はより透明になりました。

しかし一方で、一部の政治家は、多額の裏金を作り税金を滞納しても平気です。このようなていたらくに、国民はSNSなどの空中戦で反論する程度にとどまっています。その証左に、国政選挙の投票率は戦後最低レベルのままです。参政権を持つ日本人の半分程度は、裏金議員を退場させようとする気概もない。まるで彼らの飼い犬です。

そのような飼い犬は、海に飛び込む羊と同じです。フランスの故事に羊たちの付和雷同性を風刺した物語がありました。昔むかしパニュルジュという知恵の回る悪人がいました。彼は、船旅の途上で乗り合わせた羊商人に侮辱されたので「べえべえ啼き喚くその羊を、海のまん真（まん）なかへ投げこんでしまった。すると、他の羊が全部、同じような声音でべえべえと啼き喚きながら、これに続いて列をなし、海のなかへどぶんどぶんと飛びこみ始めた。羊の群は先を争い、最初の羊の後を追うて飛びこもうと犇き合った」(『パンタグリュエル物語　第四之書』)。

イカリも疑いも放棄した羊は、付和雷同の象徴のように他者に人生を預けるようになりました。善いイカリも悪いイカリも放棄した日本人は羊です。自分の居場所や個性を見失い、群衆の一部と化してしまった日本人。自分自身が依って立つ場所を持たず、個々人が識別できないほど同質化してしまった日本人。イカルことを忘れた常識的な私たちは、座して死を待つよりは、出て活路を見出さないのでしょうか。

その問いに対して三木清は明快に答えてくれます。彼は、個人的な悪いイカリを否定する一方で、社会の正義に基づいて生じる「公憤」というイカリを肯定しました。彼は、「世界が人間的に、余りに人間的になったとき必要なのは怒であり、神の怒を知ることである。今日、愛については誰も語っている。誰が怒について真剣に語ろうとするのであるか。怒の意味を忘れてただ愛についてのみ語るということは今日の人間が無性格であるということのしるしである。

切に義人に思う。義人とは何か、——怒ることを知れる者である。」と彼の著書『人生論ノート』の「怒について」の章に綴っています。つまり、良識ある常識人であればあるほど、イカリの存在を忘れてはならない、というのが三木の叫びです。

私たちは、希望を得るためなら、イカルことができます。公のためなら腹を立てたほうがいいし、闘うことを忘れないほうがいい。自制心の働く飼い犬になる必要はありません。

善いイカリを行使する

先ほども書いたように、仏教では、イカリを三毒の1つに数え、生命が死後に転生し続ける六道輪廻の修羅道につながると言います。また、儒教では、イカリは人を滅ぼすと警告し、道教では、イカリを招かないように人生を漂うように生きろと勧めます。ご存じのように、キリスト教では、慈悲深く愛を捧げることを求めました。

とは言っても、イカリをテーマにした哲学書や思想書はさほど多くありません。時代を経て読み継がれてきたのは古代ローマの哲学者セネカが書いた『怒りについて』というエッセイでしょうか。彼もイカリを執拗に否定しています。

セネカは、「怒りより過酷なものがどこにあろう。人間以上に他者を愛するものがどこにあろう。怒り以上に憎むものがどこにあろう。人間は相互の助け合いのために生まれた。怒りは破滅のために生まれた」と書き、人間は助け合うことで生き延び、イカルことで破滅すると書きました。彼は、人間の進化史と同様に、私たちは生きるために協力的に進化し、現在ではそれが本性――愛すること・愛されること――となり習慣になったと考えたのです。

一方で、このようなイカリの制限命令は、人々をコントロールする手段として使うことができます。例えば、インド史上最大の領域を統治したとされるアショーカ大王は、戦争で多くの人間を虐殺し、多くの土地を征服しました。その後、仏教を利用して、被征服者の怒りを鎮め、心的に抵抗できない状態にしておいて社会を統一しました。コントロールされた被征服者は、自分たちの立場を受け入れやすくなり、大王の従順な僕（しもべ）となったのです。

イカリは、歴史的に否定され制限されてきましたが、私はイカリを全否定せず有効に使うべきだと考えています。その例として、黒人への人種差別思想の歴史を論じた『人種差別主義者たちの思考法』を取り上げてみましょう。白人に対する黒人のイカリも、健常者に対する障がい者のイカリも、富者に対する貧者のイカリも根っこは同じようなものです。

アメリカは、人種間格差がなくならず、一般的に白人のアメリカ人が黒人のアメリカ人より裕福な暮らしをしていると考えられています。黒人は人口の13％を占めているにもかかわらず、彼らが持つ資産は全体の3％に達していません。さらに、刑務所に収監されている人たちのうち40％が黒人です。このような人種間の不平等が存在する理由について、著者で黒人のイグラム・X・ケンディは、アメリカでは3つの主張が複雑に絡み合ってきたと書きます（『人種差別主義者たちの思考法』）。1つ目は、黒人は生まれつき白人よりも劣っているとする「人種分離主義」。2つ目は、黒人は貧困などの環境的な理由で問題行動を起こすと見なし、白人の文化を取り入れることを促す「同化主義」。3つ目は、黒人と白人が見た目や文化が異なることを認めつつ、それぞれの価値を平等に尊重するべきだとする「人種差別反対主義」です。

ケンディは、人種差別は、無知や個人の信念から生じたわけではなく、白人の政治的、経済的な利益を守るために人種差別を肯定し、それを支持する考え方が広まったと指摘しました。「自己犠牲や是正勧告や教育による説得では、人種差別政策どころか人種差別思想さえ根絶することはできない。権力者は、自己を犠牲にしてまで利己主義を手放すことはない」。このような白人の悪性が、アメリカの人種差別の歴史を動かしてきた、と言うのです。

そこで、彼は、白人の政治的、経済的な悪性である「人種差別の牙城を崩すには、人種差別を廃止できる権限を持つ人々に集中的に働きかけることが重要」だとし、それ以外の誰かに働きかけるのは時間の無駄だと断じました。

そして、直ちに実行すべきは、「人種差別反対主義を原則とする人間が権力の座につき、反人種差別的な方針がこの国の法になり、反人種差別的な思想が国民の常識になり、その国民的常識により指導者が反人種差別的な政策を遂行せざるを得なくなったときに初めて、人種差別のないアメリカが確固たるものになる」と考えたのです。ただ、人種差別反対主義者も指導者も、それに従う国民も悪性を抱える人間だとすれば、このような純血主義的な建て付けは、少々、実現性に欠けますが、黒人当事者の公憤としては肯けます。

つまり、ケンディは、白人が主導する教育改革やアファーマティブ・アクション（積極的格差是正措置）のような生ぬるい取り組みだけでは、深く根ざした人種差別の問題を解決するには不十分だと考えました。彼は、人種間の平等を達成するには、反人種差別主義者が権力を握り続けることが必要不可欠であり、そのようなラディカルな変化を通じてのみ差別行為は是正できるはずだ、と力説します（一方で、すべての白人を差別主義者とみなす彼の主張は、逆差別だとバッシングを受けていています）。

個人的なイカリが根底にありつつも、公のイカリとして発出するケンディの公憤は、大衆を動かし人々を投票所や街頭に連れ出す号令になりました。こうした「自己犠牲の是正勧告や教育による説得」ではない公のイカリは、無思慮で攻撃的な差別行為への反撃になるはずです。

過去には、公憤が市民革命を引き起こし、ヨーロッパに民主主義をもたらしました。また、公民権運動や #MeToo 運動なども社会を変える力となりました。しかし、問題はその継続です。特に日本人はイカリも反省も長続きしません。

一方で、強者はイカリを忘れた人間が大好物です。その理由は、歯向かわない人間は奴隷と同じだからです。だから、私たちは、イカリの制限命令を鵜呑みにせず疑ったほうがいい。自らの身を守るために、公憤という善いイカリの存在とそれを行使できる権利を持っていることを忘れないでください。

イカリは怪物ではない

そもそも今の世界は最悪なのだから、善いイカリも悪いイカリも区別しなくていい、イカリはイカリ。悪いヤツには復讐していいんだ、と声高に叫ぶのは、シカゴ大学の哲学科で教鞭をとるアグネス・カラードです。彼女は『怒りの哲学』でこんな喩え話から始めました。

月曜日に私があなたからあるものを盗み、火曜日、あなたがそのことに腹を立てている。水曜日、私は盗んだものをあなたに返す。そして、二日間あるものがなかったせいであなたが被った不利益を埋め合わせしようと、善意の証にプレゼントを贈り、一瞬の出来心で盗みを働いてしまったことを謝罪した末に、もう二度とやらないと約束する。そしてあなたは、私が心から詫びていて約束を守るだろうと信じる。

ついで彼女は、3つの質問を投げかけます。1つ目は「あなたが、木曜日になっても火曜日と同じように腹を立てているとしたら、それは理にかなったことだろうか」。2つ目は「それだけでなく、お返しに私から何かを盗んでやろうと思いつくのは当然のことだろうか」。最後は「あなたが私から一度だけでなく繰り返し盗みを働いたとしたら、それは無理もないことだろうか」。

さて、あなたならどのように答えますか。カラードは前置きで「一般的には、あなたが最初に腹を立てたのは当然のことかもしれないが、行きすぎた復讐心にいつまでもとらわれているのは、社会規範に照らして理性的ではないと思われるだろう。結局のところ、私たちがすべきことは、諭されて考えを変えるか、復讐の欲求を手放すか、健康的あるいはまっとうな感情に昇華することだろう」とした上で、彼女は、3つの質問にすべて「はい」と答えると言うのです。

つまり、「あなたは木曜日になっても腹が立つ」し「あなたはお返しに何かを盗もうとするだろう」し「繰り返し盗みを働いても、それはそれで仕方がない、とあなたは思うはず」。そうさせるのも「悪い世界では、人は善い存在ではいられない」からだ。それが彼女の主張です。1度、悪事を働いたら、永久にその罪は消えないし、「怒りを強引に押しつぶしてしまうと、自尊心を失い、さらには道徳的な基盤を失ってしまう」ので被害者は復讐を企てても良い。このようなラディカルな悪の擁護と肯定を、あなたは受け入れられますか。私は、受け入れられそうにありません。

そもそもイカリには、「善いイカリ（公憤）」と「悪いイカリ」があり、その2つの極がつながってスペクトラムな状態（連続している状態）にある、と私は考えています。でも、カラードは違います。イカリに善は混じらず、イカリは完全に悪。それが彼女の特異な感情です。

私と同じようにカラードの主張を否定するのは、ニューヨーク市立大学院大学で教鞭をとるジェシー・プリンツです。同書で彼は、「怒りの形が一つだけというのはあまりにも少なすぎる。感情は単なる本能ではなく、人間のもっとも原始的な脳である爬虫類脳に、不変の形で刻み込まれている」とした上で、カラードは「怒りにつきものの好戦性を排除した、『義憤』と尊称される純粋な種類の怒りを提唱する人々を否定したいのだ」と書きました。

プリンツは指摘していませんが、私の最大の違和感は「1度、悪事を働いたら、永久にその罪は消えない」という歪な彼女の主張や「悪い世界では、人は善い存在ではいられない」という思い込みです。そもそも、この世には「永久に消えない」ものは存在せず、ずっと「悪い世界」が続くわけではありません。それは悪い世界も罪も愛も不変ではないからです。

その概念を端的に示すのが仏教の「無常」という考え方です。すべてのものは常に変わり続け、永遠に同じ状態はない、という当たり前のことが理解できると、人生で起こる変化を受け入れやすくなり、心の苦しみを少しは減らすことができます。また、他者に対しても同じように変化する世界で生きていると気づけば共感できる可能性も生まれるはずです。

このような理解が進めば、イカリは、善いイカリから悪いイカリまで、常に変化し続けることも、イカリを含めたすべての物事には関係性があり、個体としてではなく集合体として構成されていることも、納得できるのではないでしょうか。

常が無いことは、私たちを欲望から解放してくれます。その欲望とは、拘りであり執着です。私事で言えば、数歩でも杖を使わずに子供と歩きたい、痛みのない1日を過ごしたい、健常者になりたい、という実現できない欲望が螺旋（らせん）状に生まれ、それが苦悩に変わっていきます。

ちなみに、「天災は忘れたころにやってくる」という名言で有名な物理学者の寺田寅彦は、日本人には「天然の無常観」があると述べています。日本の自然は、地震をはじめとしてとていうのです。

も不安定で、常に脅威を与えます。そんな環境の中で、日本人に無常を感じる心が育まれたと

反対に、カラードの悪や時間は永遠に固定されたままです。悪への執着が甚だしい。他者の変化を認めようとしない彼女の主張は、他者の心の苦しみを癒すことはできず、彼女と他者が共鳴する機会はとても限られているはずです。いずれにしても、カラードのように善いイカリと悪いイカリをひとまとめにして、手に負えない怪物にしてはいけません。

善いイカリは、状況を改善するための明確な動機を持ち、バランスがとれています。例えば、子供がより良く成長するように親や教師が叱るのは、愛情に根ざした適切な対応なのでバランスがいい。大事なのは、イカリの理由と表現の仕方が適切かどうかです。適切であれば、そのイカリは正当化されるはずですから。

イカリはただの一時的な感情ではなく、長い人類の歴史の中で形成され、未来においても私たちの行動や反応に影響を与え続けるものです。善いイカリを積極的に獲得し、悪いイカリを手なずけていけばイカリは決して怪物にはなりません。

私の初めての公憤

私を現在のインカーブの仕事に導いてくれたのは、生まれて初めて経験した公憤でした。その善いイカリは、私の小さな身体を巨大化し、それまで虫瞰的に見ていた社会を鳥瞰的に見ることを教えてくれました。

第2章でも書きましたが、私は、30歳を越えた頃、過酷な業務がたたり、クの字に曲がった足に水と膿が溜まって、高熱が続き1か月ほど寝たきりになりました。その後、1年間の休職を取って、アメリカのカリフォルニア大学バークレー校に足のリハビリテーションの勉強に行きました。しかし、100万人に1人の稀な障がいのリハビリ方法はそう簡単に見つかりません。意気消沈したまま深い沼に沈みそうだったので、気分転換を兼ねて、子供の頃から憧れていた近代建築の礎を築いたル・コルビュジエの作品を見るために、アメリカ西海岸から東海岸、そしてフランスやスイスを旅しました。

旅の途中、フランスの南東部のオートリーヴという小さな村にある「シュヴァルの理想宮」に立ち寄りました。それは郵便配達員フェルディナン・シュヴァルが、独りで33年かけて作った墓でした。アンドレ・ブルトンをはじめシュルレアリスムの作家やパブロ・ピカソを魅了したその造形は、理性や知性で作った近代建築ではなく、魑魅魍魎が息をしている宮殿のようでした。コルビュジエの建築は私の心を揺さぶりませんでしたが、シュヴァルの理想宮は激しく揺さぶりました。

コルビュジエとは真逆で、建築や美術の教育をスルーしたシュヴァルが作った造形はひとかけらの作為性もありません。私がそれまで学んだことも、見たこともない自由なフォルムと構成、構造と施工方法でした。そのどれもがオリジナルだったのです。それを私はアートと名付けました。一方で、作為的で企てたものをデザインと呼ぶことにしました。たったそれだけの線引きですが、「オリジナルとは何か」に悩み続けてきた私にとって、人生の大きなターニングポイントになったのです。

前振りが長くなりましたが、ここからが私の不可避的なイカリの本題です。帰国後、休職明けの私のもとに知的障がいのある高校生が尋ねてきました。彼は「養護学校の先生は就職を勧めるけど、僕は絵を描いて生活がしたいんや」と将来の夢を語ってくれました。

彼と話をしているだけでは、知的障がいがあるとわかりませんが、文章を誤読したり、平易な漢字が書けなかったり単純な計算ミスをすることから軽度の知的障がいがあることがわかりました。シュヴァルに障がいがあったという記録は残っていませんが、言動や行動の拘りから境界知能だったのかもしれません。

高校生の彼は普通ではない知的障がい者として、シュヴァルは村人と接点を持たない偏屈な人として、言われない差別を受けていました。そして2人とも貧困でした。一方で、建築や美術の教育をスルーした2人は、オリジナリティがあり、私以上のクリエイティビティがありました。高校生の彼に出会った時期が、シュヴァルの理想宮を見た直後だったこともあり、まるでシュヴァルの再来のようで、不思議な縁を感じました。

2人は私より長けた能力があるにもかかわらず、なぜ、その人生は苛烈なほど生きづらいのか。障がいという属性で共通する私は、その社会的な不条理がどうしても許せませんでした。

形のはっきりしないイカリが芽生えかけた時、彼は私を障がい者が作った商品や作品を販売するバザーに連れて行ってくれました。駅前に簡易なテントを張り、会議室の長テーブルの上に、障がい者が作ったパンやクッキー、織物が並んでいました。手書きの札には二束三文の値段が書かれていましたが、食べれば値段以上に美味しいし、ポーチのような織物も縫製がしっかりしていて、機能性もいい。

当時の障がい者が担わされていた仕事は、健常者を補助するような掃除や簡易な作業を企業から請け負うことが大半でした。また、障がい者が制作した絵画や立体作品は、施設や家庭の生活空間を占領しようものなら粗大ゴミと一緒に廃棄されることも珍しくありません。仮に購入者が現れても材料費程度で販売するか、購入したいという厚意に応えるために無料で進呈するケースもありました。

また、商品や作品を買うのは、障がい者の家族や親戚、友人、それに障がい者や障がい者の福祉に共感する人というのが一般的で、バザーに参加する障がい者には小さな市場しかありませんでした。

なぜ、障がい者の商品は二束三文の値段をつけられ、作品は粗大ゴミと一緒に廃棄されるのか。そして障がい者は、なぜ、そんな扱いを受け入れ、周りの関係者は受け入れさせるのか……。私には、社会的な不条理を押し付けられた高校生の彼とシュヴァルを通して、燃えたぎるイカリが生まれました。これが私の初めての公憤です。

第5章
それでも、幸せになりたい

不寛容な幸せ

一般的に、公憤を持つことは容易いことではありません。大抵の人は、公の憤りを表明して嫌なヤツとは思われたくないので、憤りに蓋をしてやり過ごします。しかし、それを悪いことだと糾弾しないのが本書の立ち位置です。誰だって、微量の悪は持っているものです。

ところで、私が社会人になったと同時にバブル経済がスタートしました。あれから40年近く経って日本人の家計金融資産は世界トップクラスになりました。それなのに、世界からは「不幸な国民」だと揶揄されています。SDSN（持続可能な開発ソリューション・ネットワーク）が発表した最新の「世界幸福度報告」によると、2023年の日本の幸福度は世界47位で、相変わらずG7（主要7か国）では最下位です。

また、日本は、「1人当たりGDP」においては世界でもトップクラスの評価を得ているにもかかわらず「寛容さ」は世界ワースト3位と著しく低い。GDPが好成績で経済大国なら国民は豊かで幸福である、などと言うのは幻想です。現にアメリカは、世界で最も経済規模が大きい国ですが、主要国の中で医療保険制度は最も脆弱(ぜいじゃく)です。米国民の平均寿命は79歳と日本人平均より5歳も短命だと言われています。つまり、単純にGDPを増やせば幸せになれる、という発想は意味がないということです。

他方で、日本人は、多額の家計金融資産を持ちながら、お金を使わず、潜在能力を生かしきれていない、とも言われています。OECDの「Better Life Index（より良い暮らし指標）」では、日本人の「就業率」や「平均余命」は好成績ですが「負の感情・バランス」はOECD平均よりも極端に劣っているそうです。やはり、ここでも日本人には「寛容さ」が足りていません。

ちなみに寛容さとは、他者の考え方や行動、信じていることを理解して、受け止める態度を言います。でも、他者のすべての態度を受け入れろ、と言っている訳ではありません。どう足掻いてみても私とあなたは違うのですから、それは無理筋な話です。そうではなくて、違いを違いとして認め、お互いの違いを大切にすることが寛容さです。

アジアの中でも大乗仏教の利他の教えを学んできたはずの日本人が、他者を受け入れることが苦手だと酷評されることを残念に思いつつ、現実は、私の周りにも何かをこきおろさないと自分に自信が持てない人や、悪口を言うことでしか他人とコミュニケーションをとれない人、年がら年中不満を口にしている不健康な人が増えたことも実感します。言うまでもなく、不寛容な人が増すほど、公憤を発出できる人は減っていくわけです。

一方で、日本でも熟慮の末に公憤を表明した例もあります。２０２４年４月に障害者差別解消法が改正され、事業者に「合理的配慮」を提供することが義務化されました。これは、障がいのある人が社会のバリアを取り除くために何らかの対応を求めた場合、事業者が過度な負担にならない範囲で対応することを求めるものです。例えば、入り口に段差がある店舗では、車いすユーザーに対して携帯スロープを提供し、段差を越える際のサポートを行うことなどが含まれます。

合理的配慮という取っ付きにくい行政用語（私は、配慮という言葉は上下関係を示すため「合理的調整」という表現をお勧めしています）を簡単に言うと、障がい者の希望を健常者のレベルに合わせ、不公平を最大限なくしていくことです。この提案は、障がい者の無理強いではありません。あくまで健常者と同じレベルになりたいという希望、つまり最低限の幸せを獲得するための公憤です。

このような幸せを探求する行動は、人類の歴史とともにあり、文明の成長に大きく寄与してきました。古代ギリシャやローマの時代から今日に至るまで、個人であれ集団であれ、私たちは、自らの人生が幸せになること（それが手前勝手な幸せであっても）を目標にしてきました。そして、幸せになるために、何かを愛すれば愛するほど悪心が起こりました。幸せは極めて陳腐な言葉であり概念ですが、同時に人間にとっては不可欠な感情なのです。

幸せをフォーマルにした「幸福」は、古代ギリシャから現代にいたるまで、いろいろに変遷しています。日本に引き寄せれば、日本国憲法の第13条では、国民1人ひとりが尊重されるべきであるとし、生命や自由、幸福を追求する権利が保障され、第25条の前段では、すべての国民が健康で文化的な最低限度の生活を送る権利が保障されました。

公憤を発出できる人もできない人も、悪人よりの善人も、善人よりの悪人も、人は人です。

そういう意味では、私たちは幸福を求める因子を生来持っていて、その行動を起こす権利を国は保障しているということになります。

ちなみに、「幸せ」と「幸福」はどちらも幸せな状態を表す言葉ですが、微妙にニュアンスが違います。幸せは、カジュアルで短期的な喜びや満足感を指すことが多く、幸福は、フォーマルで長期的で持続的な満足感や充実感を指すことが多いようです。しかし、文脈によってはほぼ同義として使われることもあり、本書では厳密な使い分けをせず、哲学者や思想家などが幸福論として示した場合や法律に関するものを除き、「幸せ」と表現することにしました。

いずれにしても、幸せや幸福についての考え方は、はっきりと決まっているわけではなく、時代や文化が異なれば、見方や価値観、感じ方も変わっていきます。次節では、歴史を通じて哲学者や思想家が「それぞれの幸福」をどのように定義してきたのかを駆け足で見ていきましょう。遠回りのようですが、悪の源泉に近づくには「幸福とは何か」「愛するとは何か」を考える必要があると思うのです。

幸福を作る2つの相

私たちの幸せや幸福に明確な形はありません。経済的に豊かになることが幸せだと見なせば、値上がりしそうな絵画に投資したり、安定資産の土地を手に入れることに執着するでしょう。哲学者や思想家なら幸福の価値について、時間を無視して議論を交わすかもしれない。心理学者や経済学者はこぞって幸福の数値化に挑むはずです。人によってその価値観はそれぞれなのです。

幸福論を初めて哲学的に語ったのは、古代ギリシャのソクラテスやプラトン、アリストテレスでした。3人が共通して説く幸福は、善や正義を積み「徳」を高めることでした。集団ではなく、あくまで個人の知恵や道徳性に重点を置き、知識を通じて善を実践する。それを幸福主義と呼んだりします。

ちなみに、中国から日本に渡ってきた徳は、個人の道徳性だけでなく、家族や社会との関係性における役割や責任を強調した「和を以って貴しとなす」というものでした。私は、それを「やわらぎ（和）を大事にして、仲間といさかいが起こる前にしっかり話し合う」と訳しています。和が乱れる前に話し合う、というのが肝（きも）です。このように西洋と東洋でも幸福の価値観はそれぞれだったことがわかります。

さて、3人の哲学者の話に戻りましょう。ソクラテスは個人であれ国家であれ「適切に機能する正義」が幸福への鍵だとし、プラトンは「欲求の満足」が幸福だと説きました。アリストテレスは幸福を人生の目的と位置付け、高校の教科書にもしばしば登場する「幸福は人生の意義であり、目的であり、人間が究極的に目指すものである」との名言を残しています。

現代につながる19世紀から20世紀にかけては、人生をいかに生きたら幸福になれるかという人生論としての幸福論が書かれるようになりました。なかでも、ヒルティ、アラン、ラッセルの三大幸福論は現在でも読み継がれていますが、意外にも、現代のアカデミズムではあまり幸福論は取り上げられていません。それはなぜでしょうか。幸福論は、人それぞれだからです。こうも言えるし、ああも言えることは厳密なことが言えないので論証に馴染みません。だから取り上げる論者が少ないのです。

ただ、いくら幸福はそれぞれだと言っても共通する部分を見出せないわけではありません。「幸福」の言葉を分解すると意外なことがわかります。「幸福」の「幸」を「さち」と訳せば、獲物をとるための道具、漁や狩りの獲物、となります。それには、自らの行動で他者を狩っていこうとする積極的な「自力」の相があります。もう片方の「福」は、神仏への供え物のおさがり。また、それをいただくということで、「他力」(神や仏などの自分の力ではコントロールできない力。見えない力)の相があることがわかります。つまり、東洋的には、幸福は自力と他力が相まって作られた言葉だということです。

しかし、カリフォルニア大学の心理学教授であるソニア・リュボミアスキーは、東洋的な他力の相の活用に少し異論があるようです。彼女は、『幸せがずっと続く12の行動習慣』の「まえがき」で、人は誰でも「『仕事で成功したい』『精神的に満たされたい』『誰かとの絆を感じたい』『人生の目的を見つけたい』『愛情やセックスの面で満足したい』など、かたちはさまざまでも、みんなが夢を抱いています」と述べた上で、「そうした夢がかなえば、もっと幸せになれる」し「幸せになることが人生で最も大切な目的」だとソクラテス風な主張をしています。

彼女は、それらの目的を成就させるためには、ポジティブに自分の力で自分の行動を変えろ、と言います。自身の資質や能力のうち、自分の力で変更や修正可能な範囲は40％（それを彼女は「40％の解決法」と名付けます）なのだから、自分が幸福になりたければその範囲内で「もっと」努力したらいい。自力でコントロール可能な40％に注力し、残りの個人の意図や努力が及ばない遺伝的要因50％と環境要因10％は一旦保留、というのです。

私が引っかかるのは、自力でコントロール可能だとする彼女のポジティブで傲慢にも思える考え方と40％の正体です。「〜したい」「〜になりたい」自力の裏には、自分を過信し他者を軽視するような力が働いているように思えてならないのです。

私が自身のために行使する力は、自分だけが幸せになれれば良いという欲望です。その欲望は、自分が幸せになるために誰かを犠牲にすることもいといません。つまり「〜したい」「〜になりたい」自力の正体は「我欲」なのです。

我欲は、見るもの触るものすべてを自分のものにしたがる悪性だと言われています。お金が欲しい、美味しいものが食べたい、男が欲しい、女が欲しい、愛されたい、理解されたい、認められたい、他者に勝ちたい……。と際限がありません。先述したように、古来から日本人はそれを百八の煩悩の中で最も恐ろしい貪欲だと考えてきました。

ちなみに、我欲と私欲は意味合いが微妙に違います。我欲はより広範な自己中心的な行動や欲望を指し、しばしば社会的な文脈や他者との関係性の中で使用されます。一方で、私欲は個人の内面的な欲求に焦点を当て、より個人的なレベルでの利己主義を言います。リュボミアスキーの「〜したい」「〜になりたい」は私欲より我欲が優っているはずです。

私たちが取り入れた資本主義は、どこまでも成長することを前提に作られています。貪欲に利潤を求め、他者より豊かな生活を目指して経済を回さなければ、すぐに資本主義社会は雲散霧消するでしょう。だから、私たちは、経済が止まらないように「〜したい」「〜になりたい」ものにアタックさせられ、一時の我欲が満たされるように仕向けられているのです。

他方で、私たちは愛する人を守るためなら自ら悪事を働きます。死を覚悟して敵にアタックすることもあります。問題は、アタックさせられているか、アタックするかはさておき、その力が何に向かうかということです。

苦しみから生まれる幸せ

アタックする方向の違いで人生には大きな差が生まれます。その差を作る1つの原因は「運」です。と言ってしまえば身も蓋もないですが、ご安心ください、運にはちゃんと身も蓋もあります。

運とは、一般的に言われるような如何ともし難く得体の知れないものではなく、第2章でも述べたように、『意志の力』なくして、手にできず、持続もできない自力的な考え方」です。少し他力的な要素を含みますが、運の大半は自力です。あなたが何を考え、どのように努力し、結果を出すか。この一連の流れで運に差が生まれます。だから、アタックする方向を間違えると、人生に苦しみが増え、幸せが減り、悪を犯し、運の悪い人というレッテルを貼られることになるのです。

現在の日本は、社会福祉というセーフティネットが穴だらけで、人生のタイトロープを踏み外すと簡単には元の場所に戻れません。生活保護申請は年々増加し、半数以上は高齢者世帯ですが、現役世代の申請も増え、困窮の裾野は広がり続けています。社会福祉国家に舵を切ろうとした1970年前後ならまだしも、トリクルダウンが夢想に終わり、人口減少社会が確実視されている今、政府にセーフティネットの穴を塞ぐ有効な手札はありません。

こんな糞詰まりの時代でも、私たちは幸せになりたいと願います。自分を愛し、少しでも他者より抜きんでたいと努力を惜しみません。一方で、対岸の火事がこちらに延焼しないように、ややこしい他人事には関わらないように慎重に生きています。そんな石橋を叩いて渡る私たちでも、運を手に入れる人とそうでない人がいます。なぜ、同じ糞詰まりの時代に生きていても、天と地ほど運に差が生まれ、幸せと不幸せがせめぎ合うのでしょうか。

その答えをペシミスト（厭世主義者）として知られるショーペンハウアーと仏教の祖師ブッダの思想を横断しながら考えてみたいと思います。

19世紀のドイツの哲学者ショーペンハウアーは、『幸福について』で運に差をもたらす3つの要素を明け透けに言ってのけました。彼は、それらのどれを獲得し捨てるかで、幸せな人生が送れるかどうかが決定すると言うのです。

ハウアーは、アリストテレスの「賢者は快楽を求めず、苦痛なきを求める」という命題を処世哲学の最高原則に位置付け、「享楽とか幸福とかいうものが消極的・否定的な性質のものであるに反して、苦痛が積極的・肯定的な性質」だと考えました。

彼にこのような「幸福を否定し、苦痛を肯定する」特異な思いが芽生えたのは、ハウアー少年が家族と一緒に巡ったヨーロッパ旅行で老・病・死を見たことがきっかけだったようです。18世紀後半のヨーロッパは決して安定した状態ではなく、特にイギリスとフランスはお互いに牽制する不穏な空気に包まれていました。

裕福な環境で育ったハウアー少年は、道端で行き倒れの人や公開絞首された人、ガレー船牢獄で鎖につながれて強制労働する囚人を目の当たりにして、生の悲惨さを初めて味わったと言います。

大人になったハウアーは、論壇で「人生の本質は苦しみなのだ、幸せになるなんて無駄なことを考えるより、苦しみが少なくなるように生きたまえ」なんて主張するものですから理解者も少なかったようです。論文ははねつけられ、教壇に立っても学生からは不人気。彼が認められたのは、難解な主著『意志と表象としての世界』ではなく、63歳になった頃に刊行した『余録と補遺』というエッセイでした。第1巻には「幸福について」も収められていて、若者に向けて、人生の酸いも甘いも知る熟年期のハウアーの人生の知恵が人気を博したようです。

私は、彼の厭世的な毒舌にカタルシスを感じてきました。長く不遇を味わった彼らしく、粉飾のない言葉が私の奥底に溜まった否定的な感情を浄化し、へこむどころか逆に生きる力を与えてくれたのです。また、ハウアーの思想は、西洋思想史上初めてブッダの仏教思想を取り入れたものだったので、仏教に傾倒する私には取っ付きがよかったのかもしれません。

彼は「人生は苦しみである」と書きます。言葉を変えれば人生は「一切皆苦（いっさいかいく）」だということです。よく勘違いされるのですが仏語の一切皆苦は、「世の中は嫌なことや苦しいことだらけ……こんなことなら生まれてこなかったほうが良かった」という反出生主義ではありません。そうではなくて、世の中や人生は自分の思い通りにならず、コントロールできるものではない、という真理を教えている言葉なのです。

「人生は苦しみだ、自分の思うような人生なんて送れっこない」と聞くと、「私は健康だし、人並みにお金もあって、家族にも恵まれて幸せだ」と反論したくなる人もいるでしょう。でも、あなたの反論は正しくありません。だって、あなたの考える幸せは、現在（この瞬間）のことであって、その先が射程に入っていないからです。

私たちは、どうにかこうにか、現在まで選択を間違えることなくやり過ごしてきただけです。次の瞬間にタイトロープから落ちるかもしれないし、他者にロープを切られる可能性もある。この世は理不尽で、努力はいつでも報われるわけではありません。諦めなければいつか想いは叶う、なんてポジティブな号令が戯言(ざれごと)に聞こえることもある。あなたは、そんな後ろ向きにも聞こえる言説やイメージを毛嫌いしていないでしょうか。

もしそうなら、あなたは現実を直視するのが怖いのかもしれません。だから、見て見ぬ振りをして誤魔化そうとしているのかも。でも、客観的に理解すれば、人生は本質的に苦しみです。思い通りになることは何ひとつありません。

私たちは「〜したい」「〜になりたい」欲望に駆り立てられ、時には悪を犯しながら、ずっと走り続けてきました。もう疲れたし限界だと弱音を吐きたいけど、それもできない。年々、うつ病患者が増大している状況を見れば、私たちの精神が限界に近づいていることがわかります。

しかし、いつまでも現実から目を背(そむ)け続けることはできません。例えば、今この瞬間に大切な人を失ったり、親友に裏切られたり、会社が倒産したりしたら、嫌でも現実を直視しなければならない。

あなたが常に楽しく過ごしたいし、それが幸せだと思うなら、病気と死が必然な人生の最期は必ず不幸せになります。また、幸せを未来に求めると、今この瞬間は常に不幸です。なぜなら、今が幸せなら、わざわざ幸せを求める必要はないからです。つまり、幸せを追い求める欲望が燃え上がればあがるほど、私たちは不幸せのスパイラルから抜け出せず、悪心が起こってくるということです。もし「今日をより楽しく過ごしたい」と考えるなら、勇気をもって人生の本質を客観的に見つめる必要があるはずです。

ハウアーは、「人生は苦しみである」ことを前提に運に差を生じさせる3つの要素を示しました。ただ、3つすべてを手に入れる必要はなく、努力を惜しまず取り組むものと、捨てるものを仕分けしています。仕分けのポイントは、他者からの評価はさておき、「私にとって」大切なのは何か、という至ってシンプルなものでした。

内面の富を育てる

ハウアーによれば、私たちの運を左右する1つ目の要素は「人のあり方」だそうです。人間には、品格や人柄などの内面的な資質が第1の財宝だとされ、そこには、健康や知性、道徳的性格、そしてそれらを自力で磨いていくことも含まれる、と言います。2つ目は「人の有するもの」で、これは動産や不動産を含め所有しているすべてのものが相当します。3つ目は「人の与える印象」だとされ、他者からの評価や名誉、地位、名声が含まれています。

ハウアーは3つすべての獲得を勧めているわけではありません。運を左右し幸福になるためには、何よりもまず1つ目の「人のあり方」に注力すべきで、2つ目や3つ目に執着するのは愚者そのものだ。これが彼の思想の帰結です。

きっと、あなたは2つ目の資産を増やすことも、3つ目の他者評価を上げることも、幸せな人生を送る上で同じぐらい大切だから疎(おろそ)かにするのはおかしい、と感じたはずです。しかし、ハウアーは、「誰でも自分自身にとっていちばんよいもの、いちばん大事なものは自分自身であり、いちばんよいこと、いちばん大事なことをしてくれるのも自分自身である。このいちばんよくて大事なものが多ければ多いほど、したがって享楽の源泉が自分自身の内に得られれば得られるほど、それだけ幸福になる」（『幸福について――人生論――』）と書きました。

つまり、どれくらい資産があるか、他者からどのような評価を得て承認を取り付けたかという外面の価値に執着しすぎると悪心が起こる。それより、自分自身の内面の価値（彼はそれを「内面の富」と呼びました）に目を向けることが重要であり、その富の萌芽を見逃さず自分で育てていくことが、幸せになるための眼目だと述べているのです。

なぜ、ハウアーは1つ目の品格、人柄、人間性、健康などの内面の富を重視するのでしょうか。それは、それらが揺るぎない「絶対的」な要素だからです。一方で、所有物や他者評価といった第2、第3は「相対的」なもので自分ではコントロールできません。もう少し平たく言うと、品格などの人間の内面的な財産は、誰かと比較するものでもなければ、誰かによって奪われたり価値を下げられたりするものでもありません。だから唯一絶対だと考えました。それに対して、所有物や名誉は、他者と比較してこそ値打ちが出てくる相対的なもので、それらを奪われることで価値を貶められる可能性もあります。

ハウアーは、『読書について』のなかで「もともとただ自分のいだく基本的思想にのみ真理と生命が宿る。我々が真の意味で充分に理解するのも自分の思想だけだからである。書物から読みとった他人の思想は、他人の食べ残し、他人の脱ぎ捨てた古着にすぎない」と書き、他者の意見を鵜呑みにすることを戒めていました。

また彼は同書で「猫は撫でてやると必ず喉を鳴らすが、人間もまたその得意と称する方面で人から褒められると、それが見えすいた嘘であっても、えも言われぬ喜色を面上に漂わせる」。それが「その人自身の幸福、とりわけ幸福の重大要素たる心の安静と自主独立とに対しては、有益どころかむしろ不利な妨害的影響を及ぼすのである」とも言っています。

他者のことを心の底から賞賛し、一緒になって喜ぶことを仏教では「随喜」と呼び、並大抵の人間にはできない行為だとされてきました。そのあたりはハウアーも気付いていたのでしょう。過剰に持ち上げたり、媚びたりする他者の心を疑い、揺るぎない絶対的な内面の富だけを求めろ、と繰り返し忠告しました。長く論壇から干されていたので、そのやっかみも感じますが、彼の意見もわからないわけでもありません。

「ブッダの仏教」を底本にした彼は、「芸術（音楽の中でもベートーベンの交響曲が一推し）」や

「共苦（他者と共に苦しむこと）」、それら以上に「宗教的禁欲（仏教の解脱によって得られる涅槃）」という求道によって、迷妄と苦しみから解放されれば、外面の欲望は鎮静化し悪心は起こらない、と考えました。

確かに、所有欲や他者の評価を気にするあまり、私が私でなくなることは実体験として肯けます。それよりまず自らの品性を磨くべきだと言う意見にも同意します。でもはたして、私たちは自らの力だけで、「人のあり方」、つまり内面の富を高めることができるのでしょうか。そこに悪の欲望は介在していないのでしょうか。

次節では、ハウアーが完璧と評したブッダの仏教を探ることで、「自らの手で自らの品性を磨く」自力の限界を考えたいと思います。私には、ハウアーの自力礼讃の裏に、先述した「40%の解決法」と同様の悪が潜んでいるように思えるのです。

完璧と評された生き方

ハウアーが傾倒した「ブッダの仏教」は何が完璧だったのでしょうか。他の宗教と比較しながら概観したいと思います。とは言っても、大半の人は「宗教のような空事は、科学を信奉する現代人には必要ない」と考えているでしょうから、重箱の隅をつつくような話はしません。

あくまで、ハウアーが惹かれた要点だけに絞りたいと思います。
私たちは、中学1年の地理や歴史の授業で、世界の三大宗教はキリスト教とイスラーム教と仏教だと教わりましたが、大人になってもそれらの教義の違いを知る機会はありませんでした。中東の戦争や内戦に、さほど日本人の理解が及ばないのは、その地域の宗教を学んでいないことも原因の1つだと思います。

ブッダの仏教を理解する前段階として、三大宗教の特徴的な違いをご説明した上で、「自らの手で自らの品性を磨く」ことを主眼に置く自力型のブッダの仏教をご紹介し、後にハウアーの「人のあり方」を重視する考え方に疑問を呈したいと思います。ハウアーの考え方に疑問を持つと言うことは完璧とされるブッダの仏教にも合点がいかないと言うことです。心して書いていこうと思います。

そもそも、ブッダの仏教はキリスト教やイスラーム教の考え方とは違うし、日本の仏教ともまったく違う、と聞くとあなたは驚くのではないでしょうか。ブッダの仏教を簡潔に表現すると、瞑想修行型の「自己完結型トレーニング」だと言えます。他者に頼らず、目に見えない神や仏を崇(あが)めず、自らの手で自らの品性を磨くトレーニング方法を開発したのがブッダでした。キリスト教のイエスやイスラーム教のアッラーのような絶対的な神を崇める宗教とはまったく違います。

くわえて、ブッダは人間である、と聞くともっと驚かれるはずです。彼は、空中浮遊もできませんし、天空に住む神でもありません。ブッダは私たちと同じ人間で、ネパール領ルンビニーで北インド地方を治めていた釈迦族の王家に生まれた王子でした。

彼は、ある日、城の東門では老人に、南門では病人に、西門では葬列者に、北門では出家者に出会い人生の移り変わりを感じ、自分の進むべき道を見出したとされます。その伝説は四門出遊と呼ばれ、まるで、ハウアー少年がガレー船牢獄で囚人を目の当たりにして人生が変わった時と同じようです。

まだ違いはあります。ブッダの仏教は自力で「欲望を消す」「欲望を諦める」こと、つまり「〜したい」「〜になりたい」という本能とは逆に向かって進むことが幸せになる道だと考えましたが、キリスト教やイスラーム教では、神に祈りを捧げ「欲望が叶う」ことが人間の幸せだと考えました。このようにブッダの仏教とキリスト教やイスラーム教とは真逆のベクトルなのです。

また、日本の仏教は、ブッダの仏教をそのまま伝えたものだと思われるかもしれませんが、決してそうではありません。ブッダ亡き後、さまざまな宗教（例えば儒教や道教など）の影響を受け、次第に複雑化し分派を作りながら「大乗仏教」と名前を変えて日本に渡ってきました。大乗仏教を信仰する者たちは、ブッダの仏教を「自分1人が悟りを開いて満足するなんて、小さな乗り物みたいだ」と批判し、小乗仏教だと揶揄しました。一方で、自分たちは「富者や貧者に関係なく誰もが乗れる大きな乗り物なんだ」として大乗仏教と名付けたのです。

では、人間ブッダが自己完結型トレーニングの末に発見した「この世の真理」、つまりハウアーが完璧だと心酔したものとは何だったのでしょう。それは、先述したように、この世界は「縁起の法則」によって成り立っている、と考えたことでした。縁起の法則によれば、物事や出来事は単独で存在しているわけではなく、何らかの原因があり、それが関連しあって結果として現れるとされます。つまり、科学の原理である因果関係と同じ考え方で、目に見えない神や霊などの形而上的なものは一切関係していません。

ただ、何度も繰り返すように、ブッダの仏教と日本の仏教は違うので、縁起や縁の考え方も違います。ブッダの仏教では、縁起は原因があって結果が現れるという自然法則でしたが、日本の仏教では、その要素を踏襲しつつも、先述したように「物事はすべて過去からつながっている」もので「如何ともし難い」他力的な関係性がある、と（特に浄土系では）考えました。

次いでブッダは、すべての物事や出来事は一瞬だけ形を持ち、常に変化し続ける「無常」であると理解しました。この世のすべては縁起という法則によって成り立ち、その関係性も常に変わり続けています。この法則に従って生きることで、人は苦しみの根本原因である欲望を克服し、心の平安（仏教では幸せや幸福ではなく、平安や安穏という言葉を使います）を得ることができる、とブッダは結論付けました。

ハウアーは、このブッダの結論を全面的に採用し、「人のあり方」を最も大切な財宝に位置付け、品格や人柄、健康や知性、道徳的性格を自力で磨いていくことを執拗に説きました。

「運を引き寄せる最善の策は、まず資産や名誉を捨てることだ。その上で自己完結型の瞑想トレーニングを徹底的に実践する。そうすれば運が開けて幸せになれる」。このような自力思想がハウアーの敬愛したブッダの仏教であり、厭世家ハウアーの思想の帰結でした。

でも、普通に考えれば、自力で自己を完成する過程で、他者を寄せ付けない私欲が生まれてもおかしくありません。もしそうであるなら、私欲には「私だけ」という悪心が伴っているはずです。しかし、ブッダは瞑想修行によって内なる欲も消すことができた、と言います。つまり、私欲も悪心もブッダには生起しなかったのです。ハウアーがそうだったかどうかはわかりませんが、私のように数分の座禅でも集中が切れる者とはまるっきり違います。

稀人（まれびと）のブッダはさておき「自らの手で自らの品性を磨く」という内なる欲を抱える私たちはどうすればいいのでしょうか。ハウアーの言う「人のあり方」を追求すればするほど苦しみは生まれ悪心が起こってきそうです。決して、運が良くなる、とは私には思えない。

本書の主張からすると人は「みんな悪人」ですから、内なる悪心は消せなくてもいいし、消せるわけはないという立ち位置ですが、それはそれとして、もう少しブッダの「苦しみの原因と苦しみから逃れる方法」に耳を傾けてみましょう。ハウアーが完璧だと評したブッダのトレーニングが、どれほど浮世離れしていて、到底、実行できないものかを理解できれば、私たちが取るべき道が見えてくるはずです。

自力と自立

ブッダが「欲望は苦しみの原因」だと結論付けた理由を歴史学者のユヴァル・ノア・ハラリは、『サピエンス全史 下』で次のように説明しています。

「心はたとえ何を経験しようとも、渇愛をもってそれに応じ、渇愛はつねに不満を伴うというのがゴータマ（ブッダ＝引用者注）の悟りだった。心は不快なものを経験すると、その不快なものを取り除くことを渇愛する。快いものを経験すると、その快さが持続し、強まることを渇愛する。したがって、心はいつも満足することを知らず、落ち着かない。痛みのような不快なものを経験したときには、これが非常に明白になる。痛みが続いているかぎり、私たちは不満で、何としてもその痛みをなくそうとする。だが、快いものを経験したときにさえ、私たちはけっして満足しない。その快さが消えはしないかと恐れたり、あるいは快さが増すことを望んだりする」。

渇愛とは、喉が乾いたときに水を欲するような激しい愛着を言います。私たちが何かを強く欲するとき、それが得られなければイライラするし、手に入れてもその喜びが消えるかもしれないと不安になったり、さらに大きな喜びを求め続け、渇愛はさらなる渇愛を生みます。

でも、私たちは、愛を絶対のものだと教わってきました。マハトマ・ガンディーは、「愛は最も強力な武器である。それは人間の魂を変える力を持っている」と語り、マザー・テレサは、「愛は行動であり、言葉ではありません。愛は与えることです」と訴え、日本のテレビ局は半世紀ほど前から「愛は地球を救う」と叫び、私たちの大半は、それを無批判に受け入れてきました。しかし、ブッダは違っていました。愛は苦しみであり、悟りの妨げになると考えたのです。

また、彼は、愛の背後には区別する心が潜んでいることに気づいていました。例えば、自分の子供を特別に愛するということは、他の子供とは区別するということです。このように、何かを愛するということは、同時に他を愛さないことでもあり、その区別が執着心という悪心を生むと判断したのです。

ブッダは、このような還流を断ち切るために、妻と幼子と家を捨て、すべての愛を断ち切った上で出家の道に身を投じました。普通に考えれば、幼子を捨てるなんて悪人です。でも、彼は愛情が長く続けば続くほど、それを手放すときの痛みも大きくなることを感じていたのでしょう。だから、子供が幼いうちに捨てたのです。ブッダはその痛みを経験していたからこそ、愛情を苦しみと見なしたのかもしれません。

ハラリが文中で、渇愛をなくす方法をブッダに尋ねています。「渇愛することなく物事をあるがままに受け容れさせるにはどうしたらいいのか？　どうすれば悲しみを悲しみとして、喜びを喜びとして、痛みを痛みとして受け容れられるのか？」。その問いにブッダなら「渇愛することなく現実をあるがままに受け容れられるように心を鍛錬する、一連の瞑想術を開発した。この修行で心を鍛え、『私は何を経験していたいか?』ではなく『私は今何を経験しているか?』にもっぱら注意を向けさせる。このような心の状態を達成するのは難しいが、不可能ではない」と答えるだろうと推察しました。

このような修行の末に到達した「ブッダの洞察のうち、より重要性が高く、はるかに深遠なのは、真の幸福とは私たちの内なる感情とも無関係であるというものだ。事実、自分の感情に重きを置くほど、私たちはそうした感情をいっそう強く渇愛するようになり、苦しみも増す。ブッダが教え諭したのは、外部の成果の追求のみならず、内なる感情の追求をもやめることだった」とハラリは解釈しました。

ブッダの瞑想トレーニングは、自己完結型です。チームを組んで複数で行うものではありません。あくまで自分1人が悟りを得るために心を鍛錬し「外部の成果の追求のみならず、内なる感情の追求をもやめる」ことを目標にしていました。

ハウアーが完璧だと評したブッダの仏教は、他者を愛することも自分を愛することも自分の子供を愛することも渇愛であり、その求める心が苦しみを生むと考えました。苦しみたくないなら、愛することを止めるんだ。そうすれば、悪心は起こらない。つまり、それがハウアーの認めた愛の表現だったのです。

改めて、愛することが止まらない私は、ブッダの仏教もハウアーの「人のあり方」を重視する生き方も、近寄りがたいものを感じます。私は、いつも何かに頼っていたいし、悪心が生まれようと誰かを愛したい。渇愛に溺れたままの私を許してくれるのは、彼らのような強靭な人間ではなさそうです。

他者に身も心も預けず、さらけ出さない自力の思想は、現代の「自立」の思想につながります。自立を辞書で引くと「他への従属から離れて独り立ちすること」や「他からの支配や助力を受けずに、存在すること」「支えるものがなく、そのものだけで立っていること」など勇ましい解釈が並んでいます。私の親も良かれと思って、私に「障がいがあっても自立して、頑張れ」と言い聞かせてくれました。でも、それは間違いです。

自立を極論すれば「依存先を増やすこと」です。独りで立つことでも、他者の力を受けないことでもありません。支えられるものに「しがみつく力」が自立です。私たちは子供の頃から「自立できないと大人じゃない」と教えられてきました。でも、実際には1人で自立することはできません。私たちは何ひとつ自分1人で成し遂げることのできない、弱い生き物なのです。

観点を変えると、強い人は生き残れないということです。それはなぜでしょうか。答えは簡単です。私たちは、強い人を助けようと思いません。強い人は、自分で何とかできるだろうし、悪知恵も働くでしょう。わざわざ危険を冒してまで助ける必要はない、と私もあなたも考えるはずです。逆に、弱い人は助けが必要なので、周りの人と協力し合って生き延びようとします。だから、弱い人が生き残るのです。

ブッダやハウアーのように「私1人で自立」するのか、弱い者同士が混ざり合って「私たちで自立」するのかはまったく違う考え方です。羊でもあり狼でもある私たちは、善人でもあり悪人でもあるということを前提に、私たちが他者とチームを組むとき、悪は増幅するのか。それとも打ち消し合うのでしょうか。最終章では、狩猟採集時代に遡って「チームに宿る悪」を考えてみたいと思います。

第6章 共同で悪を鎮める

チームとコンフリクト

私たちの「チームに宿る悪」を暴くために、まず「人類の戦い」の原点を探りたいと思います。長い歴史を振り返っても「私たちで自立」する時は、必ずと言っていいほど凄惨な戦いが起こりました。過去3500年間に少なくとも1万回の戦争と紛争を行い、1億5000万人以上を殺めたのは、「私たち」というチームが他チームと線引きして「自立」する時だったのです。

最新の人類学では、人類が大規模に行った最古の戦いは、1万3000年以上前だとされています。当時の遺跡には集団で埋葬されたとみられる人骨があり、子供の大腿骨には髪の毛よりも細い傷跡がいくつも見つかりました。この傷は、鋭い飛び道具が高速で骨をかすめた時につくもので、大人に限らず子供にも矢や槍が5〜6本以上投げつけられ、徹底的に息の根を止めようとしていたことがわかります。しかし、この最古の戦いよりもっと昔の私たちは、お互いを殺し合うような生き物ではなかったようです。

では、今から700万年前まで時を戻してみましょう。当時、チンパンジーとの共通祖先から分かれた私たちは、森を捨て、直立二足歩行を選択し、仲間を作り、慮ることを覚えました。遠くから仲間に食料を運んでやることを厭わなくなり、共感力が身についた、と言われています。

人類学者の山極壽一は『共感革命』のなかで、「人間は狩猟される側として、いかに安全を確保するか、安全のためにいかに仲間と協力するかが集団生活の主な動機だった。肉食動物の脅威から逃れるために仲間同士で助け合い、安全確保を最優先することによって、社会がつくられてきたと考えるほうが自然だろう」と書きます。

このような善的な狩猟採集民は、特定の場所に定住せず移動しながら生活していました。彼らには所有という概念がなかったので、無駄な争いも最小限に抑えられ、細かなルールも存在しなかったようです。また、権威者もチームリーダーもおらず、形式上のリーダーは置いても、生活は対等だった、と山極は言います。また、当時の飛び道具の矢尻は鋭くなく、殺傷能力も低かったという報告もあります。殺すというより脅す道具だったのかもしれません。

時代を経て、370万年前、アフリカの地で、私たちの祖先「アウストラロピテクス・アファレンシス」は、数十人のチームで虫や植物を食べて生活をしていましたが、いつも大型の肉食獣などの餌食になる弱い動物でした。そんな弱い祖先の脳に「絆のホルモン」と呼ばれるオキシトシンが重要な役割を果たすようになります。このオキシトシンには「善と悪」の両面があると言われると、不思議に感じますが、羊でもあり狼でもある私たちが善人でもあり悪人でもあるという前提からすれば当然のことかもしれません。

一般的に、オキシトシンは脳で作られるホルモンであり、神経伝達物質の1つです。このホルモンは、出産時に子宮を収縮させて出産を助けたり、授乳時に乳腺から乳を分泌させる働きがあります。また、人間関係を築いたり、社会的な絆を強めたり、共感力を高めたりする効果もあると言われています。このような善のオキシトシンが共感力を生み、その働きによって、アウストラロピテクスは、血縁を越えて食べ物を分け合い、チームで助け合って生き延びたのでしょう。

ただ、狩猟採集時代から農耕牧畜時代になり状況は一変します。おおよそ1万2000年前に始まった農耕牧畜時代の地球は、温暖化が進み人口が増加し、たくさんの食料が必要になりました。人間は、食料を求めて豊かな土地に移動し、少しずつ農耕を始めたようです。安定した農耕を行うために定住することを選択し、現在につながる「私たちのチーム」の原形が生まれたというわけです。

言うまでもなく、他チームも同じように豊かな土地を目指し、定住して農耕を始めました。そこで生まれたのが、私たちのチームと他チームとのコンフリクトです。一線を越えそうなチームを威嚇し、越えてきたチームと戦いました。また、領土を広げたり、食料を確保するために無抵抗な他チームを殺戮することもあったはずです。そうやって農耕牧畜社会は首長を必要とし、時代を経て君主というリーダーが誕生しました。

善のオキシトシンから生まれた共感力は、狩猟採集社会のように数十人の小規模なチームなら、お互いを助け合い、協力し合うことに役立っていました。ところが、農耕牧畜社会のようにチームの規模が大きくなり、領土を広げようとなった際は、善のオキシトシンより悪のオキシトシンが活発化し、他チームを排除するエネルギーに変わっていったのです。人類学では、このような農耕牧畜社会を「人類の戦い」の原点だと位置付けました。

仲間を守りたいから線引きする

人類は、本能的に攻撃性を持っています。それを悪性と言ってもいい。しかし一方で、攻撃行動は多くのエネルギーを消費し、自身が傷つく可能性や社会的制裁を受けるリスクもあります。ではなぜ、農耕牧畜民は、リスクを負ってまでチーム同士で戦うことを選んだのでしょうか。それがオキシトシンのもう1つの顔「悪のオキシトシン」の仕業です。

オランダ・ライデン大学の心理学者カーステン・デ・ドリュー教授が悪のオキシトシンの存在を確かめるために「トロッコ問題」を再編集してユニークな実験を行いました（NHKスペシャル「ヒューマンエイジ　人間の時代　第2集　戦争　なぜ殺し合うのか」）。

まず、被験者にスプレーでオキシトシンを吸引させます。鼻から吸い込んだオキシトシンが脳に届くのを見計らって「トロッコ問題」と呼ばれる、次のような思考実験を行いました。

「あなたは鉄道の職員です。線路の先には作業員が5人いて、別の線路にも作業員が1人います。そのとき、突如、列車が暴走。このままだと、線路上の5人は確実に死んでしまいます。でも、あなたがレバーを動かして進路を切り替えれば、5人は救われ、代わりに1人だけが犠牲になります。どちらを救い、どちらを犠牲にするか選択し」てくださいという設定に新たな選択肢を加え、「オキシトシンと攻撃性の関係」を解き明かしました。

新しい選択肢を加えた思考実験は、別の線路にいる1人の作業員に「外国人を思わせる名前」と「自国民によくある名前」をつけた場合で、この1人を犠牲にする行動がどう変わるのかを調べたものでした。

オキシトシンを吸引しない状態では、どちらの名前が提示されても、1人を犠牲にするかどうかの判断に大きな差は見られませんが、オキシトシンを吸引した後では、状況が変わります。「自国民を犠牲にする」という選択肢が劇的に減少し、その一方で「外国人を犠牲にする」という選択肢がわずかに増加したのです。

「オキシトシンは、私たちを協力的にするだけでなく、攻撃的にもします。でもその攻撃性は、〝敵対心〟などからくるものではありません。オキシトシンによって、『仲間を守りたい』と思う一方、『仲間以外には〝線引き〟』をし、攻撃的になってしまうのです」。

ドリューはこの結果を分析し、オキシトシンが「自国民を守りたい」という強い感情を引き起こし、その結果として外国人に対しては無意識のうちに「犠牲にしても仕方がない」という線引きをする傾向が強まると結論付けました。

ただ、山極は、性悪説のようなホッブズの「万人の万人に対する闘争」やダーウィンの「自然淘汰」の社会進化には否定的です。彼は「人類は七〇〇万年間も狩猟採集生活を送ってきた」平和な民の時代を経て、その後、闘争する農耕牧畜民が現れたのは「一万二〇〇〇年前で、人類の進化史からみれば一パーセントにも満たない短い期間」なのだから「戦争や暴力は、人類の本性ではない。私たちは誕生からほとんどの期間を、対等な関係性の中で平和に暮らしてきた」と述べ、人類の本性を性善説から読み解こうとします。

一方で、2016年の科学ジャーナル「Nature」には、狩猟採集民の間で起きた集団間暴力の証拠となる化石の発見が報告されています。かつて、小さな沼だった場所の近くで見つかった12体の骨格のうち、10体は暴力によって死亡し、頭蓋骨の1つには黒曜石の刃が刺さっているなど、一部の骨格には大きな外傷が複数見られた、と言うのです。

時代をどこまで遡るかによりますが、私は「命の誕生」にこそ人間の本性の原点があると考えています。そのわけは、狩猟採集民であろうと、現代を生きる私たちであっても、多くの多細胞生物は精子と卵子が結合する有性生殖によって繁殖してきた事実があるからです。

その結果、私たちは、健常者として生まれることもあれば、私のように染色体の異常で身体障がい者として生まれることもあります。このような命のやりとりは、人類が700万年前にチンパンジーとの共通祖先から分かれる前から存在していたはずです。私はその事実に注目したいのです。

一般的に、射精時に放出される精子の数は数千万から数億個にのぼります。しかし、その中で卵子にたどり着く精子はごく稀です。実際には、数百から数千個の精子が卵管まで到達し、その中のたった1つが卵子と受精することができます。具体的には、射精された精子のうち、卵子にたどり着く確率は0・01％未満だそうです。

つまり、0・01％の精子は生き残り99・99％の精子は戦いに敗れたわけです。そこに共存も共感もありません。生き残った精子は、それ以外の精子と線引きして命を手に入れました。これが私たちの命のやりとりです。

1つの命が生まれた、という意味では善的な行為に思えますが、他者を排除した事実に注目すれば悪の行為とも言えます。このような観点から見ると、「人間の本性は善」という一元的な見立ては無理があります。

一方で、私たちは社会的な動物として他者と関係せずに生きることはできません。前章でも触れましたが、自立とは「依存先を増やすこと」で、独りで立つことでも、他者の力を受けないことでもなく、支えられるものに「しがみつく力」。それが自立でした。狼の群れ（チーム）は、よそ者の一匹狼を攻撃し死に至らしめます。一匹狼が生き延びるには、ペアになるか、自分たちで群れを作るしか手立てはないのです。

ここまで、自らに宿る悪を自らの力で抑えることは不可能だと何度も書いてきました。そこで必要なのが他者の力です。悪心の暴発を防ぎ、生き残るためには、チームの一員になり、メンバーに依存することが肝です。そして、どのように仲間と仲間以外を線引きするのか。社会的な動物である私たちの永遠のテーマなのです。

ちょうど良いサイズ

私たちは有性生殖によって繁殖し、オキシトシンの影響で「仲間を守りたい」と思う一方で、「仲間以外には〝線引き〟して攻撃的になることがわかりました。では、私の仲間と仲間以外の線引きは何を根拠としているのでしょうか。

このような線引きの概念は、チーム論以外にさまざまな分野で見出されます。例えば、善良なデザイナーは、建築やインテリアなどの空間をデザインする場合、身体尺度とも言われるヒューマンスケールを意識して図面やスケッチを描き、人間の感覚や動作に合った「ちょうど良いサイズ」を追い求めてきました。

例えば、レストランのテーブルと椅子の高さがアンバランスで食事が進みにくいとか、天井が高すぎて落ち着かない、隣の客との距離が近すぎて居心地が悪い、というのはヒューマンスケールが意識されていないからです。逆に言えば、意識できる私たちは、自然にちょうど良い環境とそうではない環境を線引きしている、ということになります。

仏教経済学者のエルンスト・フリードリヒ・シューマッハーは、このようなちょうど良いサイズを「中間技術」と呼びました。彼の経済学の特筆すべき点は、石炭や石油（化石燃料）に依存する世界の政策に対して警鐘を鳴らし、その変革のために「中間技術（適正技術）」（その定義は明確ではありませんが、私はそれを各地域の社会的条件と人々のニーズを満たし、環境にも優しい技術だと解釈しています）の開発と、途上国の発展に向けたその適用の重要性を訴えたことです。

その中間技術の目標は「小規模であること、簡素であること、低コストであること、非暴力的であること」であり、エネルギー消費の適正基準の第1は「小規模」です。つまり彼は、「人間というものは、小さな、理解の届く集団の中でこそ人間でありうる」もので、それが人間にとって「ちょうど良いサイズ」だと考えました。つまり、チームが適正に活動するには、ちょうど良いサイズに仲間と仲間以外を線引きし、小さな集団に分ける必要があるということです。

ところで、私が初めて社会人生活をスタートさせたのは、空間デザインを専門とする乃村工藝社でした。主な業務は、企業とお客様をつなぐための国際博覧会や展示会、企業のショールームやショーウィンドウのデザイニングです。当時の会社は1000人程度で、決して、小規模ではありませんが、デザイン部、営業部、制作部がそれぞれ数人ずつで構成されたチームは、私にとって理解しやすいちょうど良いサイズでした。

しかし、入社後すぐに訪れたバブル経済の影響で、仕事の規模が大きくなりデザイナーが不足。会社は、正規雇用者の増員だけでは間に合わず、外部デザイナーを含め大量の非正規雇用者を採用し、一気に大規模なチームになりました。

ただ、彼らは、同じチームであっても原価率や人件費率を調整する会議には呼ばれず、会社の中長期計画を議論する場からも外されました。そのうち、チームは正規雇用者と非正規雇用者に分かれ、仕事に対する熱量も、会社を愛する気持ちも変化していきました。

その後、バブルがはじけ、若年デザイナーの非正規雇用者が急増します。会社は、経済活動の落ち込みに対し、彼らを雇用の調整弁として使いながら、経済的な難局を乗り越えようとしたのです。

いまや日本の賃金水準は、主要先進国の中でも最低グループに位置しています。なかでも全労働者の約4割を占める非正規雇用者の年収は約250万円で頭打ちになり、雇用保険非加入者も増えました。子供食堂にならぶシングルマザー、システムに管理される宅配ドライバー、トリプルワーク以上をこなす大学の非常勤講師、最低賃金を下回る給与で働く非正規公務員。失われた30年は、コストカットを最優先し、人的資本への投資を抑制し続けました。雇用の調整弁として採用された非正規雇用者は、不安定な収入と保障で、結婚に踏み切れない者も少なくありません。

企業は、従業員エンゲージメントに欠けた非正規雇用者では、仕事やチームへの熱意や愛着が育たないことをわかりながらも、目の前の利益を追求するあまり、彼らの感情を軽視しました。企業のエゴに振り回された彼らが悪心を暴発させようものなら、自己管理がなっていないとして始末書を何枚も書かせたうえで減給し、最後はお払い箱です。そんな横暴ぶりを知った正規雇用者の従業員エンゲージメントも下がり、離職率も増加。生産性も低下して、長期的な成長や発展に悪影響が及びました。

では、お互いに協力し、意思を通わせることができるとされる「ちょうど良いサイズの小さな集団」では、フラットな人間関係が成立するのでしょうか。そもそも、私たちのような悪性を持つ人間が、他者と対等な関係を望むのでしょうか。

やっぱり、フラットなチームは作れない

「人間は小さな理解しやすい集団の中でこそ本来の姿を発揮できる」という考えを極端に支持するのが、起業家や社内起業家を支援するスティーブン・S・ホフマンです。彼は、Amazonの元CEOジェフ・ベゾスが提唱した「ピザ2枚で満腹になる人数が理想的なチームサイズ」という「ピザ2枚の法則」を称賛し、理想的なチームの規模は「2人から8人」だと考えました（『シリコンバレー式　最高のイノベーション』）。

彼が「ピザ2枚の法則」を推すのは、「少人数になればなるほど、チームはよりフラットに

なる」からだそうです。スティーブンによると、大規模なチームではフラットな構造を維持するのが難しく、結果として少人数のメンバーだけが積極的にイノベーションを起こし、他のメンバーは取り残されてしまう。そのため、最も優れたイノベーションは「2人から8人」の小規模なチームで生まれる、と述べています。

ただ「ピザ2枚の法則」で見落としがちなのは、理想的なチームを下支えするためのチームの存在です。この法則では、正規雇用者で構成される理想的なチームを、多くの非正規雇用者が支えている現実が射程に入っていません。このような構造は、トマ・ピケティが「世界不平等レポート」で指摘した、上位10％が76％の富を所有し、残りの90％がわずか24％の富しか持っていない、という現実と同じようなものです。

また「チームはよりフラットになる」という主張も、私には眉唾物に聞こえます。私たちが通った小学校や中学校、高等学校には学級委員や生徒会長などのリーダーがいました。大人になれば政治家を国民のリーダーとして国会に送りました。企業にはＣＥＯがいて、公益団体には理事長がいます。そこにフラットな構造などありません。

近年、ダイバーシティが重視される中で、人々の「違い」は歓迎される一方で、社会的な「格差」を認めることは難しくなってきました。しかし、ポリティカル・コレクトネスによって表面化しにくくなった格差は、実際には依然として存在しています。

その原因は、私たちに「他人を下に見たい」という天性の悪が消えないからです。特にリーダーにはその手の人物が多い。その証左に一部の政治家は、国民を下に見ているから選挙公約を破っても平気でいられるわけです。

では、リーダーが複数人いる共同経営なら、フラットなチームが作れるのでしょうか。そんな簡単な話ではありません。共同経営が破綻をきたす主な原因は、意思決定の遅延と責任の不明確さ、そして権力闘争です。共同代表の人事制度も共同経営と似たり寄ったりの原因で空中分解するケースが多い。

このような問題は、1976年にイタリアのフリウリ地方で発生した大地震の時にも起こりました。地震では、約1000人が亡くなり、寸断された道路では警察と軍が異なる方向を指示して、海外からの支援物資が配給されないといった混乱も生じました。これは司令塔の不在と縦割り行政が原因だと言われています。

その後、南部の地震でも同様の混乱があり、チームとしての対応が必要視されました。数年後、首相府直轄の市民保護局が発足し、法改正を重ねて約700人の職員を擁するチームと司令塔のリーダーが生まれました。

一方で、同じ災害大国の日本では、能登半島が地震と豪雨に見舞われ、1年以上も道路は寸断され、断水が続いている地域もあります。いまだ、避難所生活で耐える人々もいる。このような惨状は、過去の阪神・淡路大震災や東日本大震災の時と何も変わっていません。重要なのは、防災を一元管理する首相の直接指揮下にあるチームと、指揮を執るリーダーを設置し、各省庁の縦割りを解消することです。

つまり、自然災害や「万人の万人に対する闘争」を回避するためには、指示を出す人がいて、それを受け取る人がいる。動かす人がいて動く人がいる。これが私たちのチームの基本形だということです。

リーダーとメンバーがいる階層的な構造は、人間の社会的な特性の一部で、オオカミやサルのような社会性の高い動物にも見られる健全な関係です。役割分担を明確にすることで、意思決定が迅速化し、チームの目標達成が容易になり、心理的安全性が担保されるというわけです。

あくまで、狩猟採集民が「権威者もチームリーダーもおらず、形式上のリーダーは置いても、生活は対等だった」のはチームに社会性が求められなかったからであって、農耕牧畜民には、それぞれの役割分担に応じたヒエラルキーが存在しました。つまり、社会性を求められる私たちにとって、フラットなチームは健全ではないということです。

私がそう考えるのは、これまでフラットなチームのリーダーやメンバーの経験がないことに加え、フラットなチームが実現可能だと信じている人に出会ったことがないからです。おそらく、みなさんも上下関係がなく、リーダーとメンバーの区別がないチームに属した経験はないはずです。

つまり、私たちはリーダーとメンバーが共に「納得できる階層構造」を作ることを目指すべきなのです。そのために必要なのが納得できる「ルール」です。ちなみに、ブッダが亡くなった後、弟子たちが最初に行ったのが律（現代で言えば法律）や日常生活の拠り所となる倫理などのルール作りでした。それらは、修行の方法から食事の仕方、男女関係に至るまで、事細かに定められていました。

ではなぜ、最初にルール作りが必要なのでしょうか。それは、2500年前にブッダの弟子たちが奔走した理由と同じで「ルールが無いと人間は悪さをする」からです。しかし、問題は、そのルールを作る人間もまた完璧ではないということです。

恣意的なルール

私たちは、大きく3層に分かれたルールに従って生活をしています。最上位のルールは「法律」です。次が「倫理」、最後は「社会」です。倫理から不断の見直しを迫られる法律は、ドローンやAI（人工知能）のように、技術の進歩が法律や規制の整備よりも速く進むため、既存の法律が新しい技術に追いつけないケースが増えました。また、社会はSNSで変化しやすく不安定で頼りない。不確かな現代の拠り所になるのが慣習やモラル、エチケットなどの「倫理のルール」です。

しかし、倫理のルールは、明文化されていないものが多く、その制定者が不明確だったり、そもそもの目的がわからないことがあります。拠り所となるルールの拠り所がわからないから、解釈や違反をめぐって争いになったり、恣意的に適用されることもしばしばです。

ルールの原意の1つに、リーダーとメンバーが共に生きるために協力し合い、基本的なルールを決めるという社会的契約がありますが、そのルールは合議制によって決まっているわけではありません。ルールの最終的な編集作業はリーダーが行い、メンバーはそれを忖度するので、正確には合議制のように見せかけた単独性です。リーダーも悪性を持った人間なので、ルールに身勝手な理想や利益を忍ばせています。つまり、倫理のルールは「恣意的なルール」なのです。

しかし、教師は子供たちに恣意的なルールを教えません。代わりに、多くの高校の社会科の教科書では、ルールがうまく機能するための3つの要素を示します。1つ目の要素は、「透明性」を持ち、誰にでもわかりやすく、簡単に確認できること。2つ目が「一貫性」を保ちながら常に同じように適用されることで、予測可能で信頼性が高まること。最後が「柔軟性」を持たせ、社会の変化に応じて適切に調整し、現実に即した形で運用することです。

3つの要素とも非の打ち所がないように見えますが、それらにはすべて「恣意性」が含まれています。わかりやすくいうと、透明性にも一貫性にも柔軟性にも、ルールを作る者の主観が含まれていて、必ずバイアスがかかっているということです。

恣意性が高いと、ルールは一貫性を欠き、個人の判断や感情に影響されやすくなります。そうなると、公平性や透明性が損なわれるのも当然です。この問題を防ぐには、明確な基準や客観的な評価基準を設ける必要がありますが、残念ながら、私たち全員が納得する完全なルールを作ることはできません。そのような神業があるなら、とうの昔に世界に戦争はないはずです。

ところで、みなさんに身近な日本の労働契約法というルールには、使用者の賃金支払義務と労働者の労働義務という基本的な権利義務のあることをご存じでしょうか。それは、「賃金を支払うので、対価に見合った働きをしてください。もし、誠実に働かないならクビにしますよ」という使用者の特権を法制化したものです。

その特権を拡大解釈したチームが、中世の西ヨーロッパでキリスト教の友愛精神に基づいて組織されたギルドにありました。商人や手工業者などの自営業者が、生活を相互に助け合うために結成した数十人から数百人規模のギルドには、多くの恣意的なルールが存在しました。

そのルールには、師匠が引退した後も弟子たちが順番に師匠の面倒を見続けることや、一定期間の修業を終えないと師匠になれないこと。ギルドから独立して自分の工房を持つ場合は、弟子の最大人数が決められていました。また、収支や純利益の割合も決められていて、ルールを破った者には、ギルド組合が制裁を下します。つまり、友愛に満ちたギルドであっても、師匠やギルド組合の恣意的なルールは課せられていた、ということです。

反対に、師匠やギルド組合は、ギルドは利益を最優先するチームではなく、メンバーの生活を守る組織だと考えていました。師匠は、ルールを守ることで無駄な競争を避け、仕事と労働環境を保護していたと主張しますが、ただ、師匠が1番弟子や2番弟子のように序列をつけていたことからも、ギルドは、フラットなチームではなく厳格なヒエラルキーが存在していたことがわかります。つまり、ヒエラルキーがある以上、恣意性のあるルールがあった、ということです。

このようにルールには、リーダーの身勝手な理想や利益が少なからず含まれています。あなたは、断固として恣意性を排除して、透明性と一貫性、柔軟性のあるルールを制定し遵守するべきだ、と憤るかもしれませんが、土台無理なことです。それはなぜか。身も蓋もありませんが、そのルールを決めるリーダーには悪性があるからです。もし、あなたがリーダーになったとしても同じように恣意性のあるルールをメンバーに課すはずです。それはなぜか。あなたも人間だからです。

ただ、過度な恣意性はいただけません。その最たるものが「旧優生保護法」です。当時は、政治家が恣意的に決定したこの法律（ルール）に異を唱える医療者や教育者はほとんどいませんでした。地方自治体に至っては断種数を競ったという記録も残っているほどです。それを大半の国民も黙認しました。立法化されて数十年後、遅まきながら、国家犯罪に匹敵する恣意性のあるそのルールは違憲となりました。

経済学者のアダム・スミスは『道徳感情論』で、人間の中には「公平な観察者」が存在すると述べています。つまり、私たちは自分自身を客観的に見つめ、「これをやったら取り返しのつかないことになる」とわかるはずだ、と。しかし、自分で自らを律することは理想ですが、残念ながら、私たちはスミスが言うほど高尚な生き物ではありません。

ただ、だからと言って手をこまねいていても仕方がありません。過度な恣意性のあるルールを作らせない、作らないために、私たちはどのような態度をとるべきなのでしょうか。そのヒントが「中庸」にあります。中庸とは、孔子の論語で重視された徳の1つです。極端を避け、バランスを保ちながら、善と悪の中間を見極めることを指します。つまり、過度な恣意性だけではなく、控えめな恣意性も疑い与しないことが中庸な態度です。ただ、その中庸にも恣意性が含まれていることを忘れてはいけません。

リーダーの身勝手が度を過ぎるとチームは崩壊しますが、動かす人がいないチームは前進も後退もできない。もし、あなたがメンバーなら、ルールにも、ルールを作るリーダーにも恣意性があることを納得してチームの一員になることです。もし、あなたがリーダーならメンバーに、ルールには恣意性のあることを正直に表明したほうがいい。お互いが自身に宿る悪性をさらしてからチームに参加すべきだと思います。

悪が暴れ出さないために

チームを組むことでしか生き延びる術をもっていない私たちは、それぞれに悪性を持っていて、それはチームの大きさで萎(しぼ)んだり、膨らんだりしています。それでも、良好な人間関係を維持したいので、悪い自分を見透かされないような努力を怠りません。

私は、少人数から1000人以上の大規模なチームまで、さまざまな規模のチームで働いてきましたが、どのチームにも人間関係の難しさはつきものでした。小さなチームでは、逃げ場がなく、仕事もプライベートもすべてが丸見えです。サボりたくてもサボる時間がない。ミスを他の人に押し付けようとしても、その人がいません。

小さなチームは、それを下支えするチームを作り、そのチームはまた下にチームを作ります。そして、下流に行けばいくほど生活の糧が貧弱になっていく。そうなれば、貶めた人の寝首を搔きたくなるのもわからないわけではありません。

一方で、人数が多すぎると、そもそも同じチームに属しているのかさえも疑わしくなります。先述したように、私が勤めていた会社に非正規雇用者が増えた結果、チームへの従業員エンゲージメントは稀薄になりました。

私が所属した最大のチームは、東京2020オリンピック・パラリンピック競技大会の組織委員会でした。私は、文化・教育委員会委員やエンブレム委員会委員などを務めていましたが、その他のアスリート委員会や街づくり・持続可能性委員会、経済・テクノロジー委員会、メディア委員会、加えて、それらの委員会を束ねる事務方と意思疎通ができたとは言い難い。組織委員会は1つのチームであるものの、その規模が大きすぎて全体を慮れませんでした。

では、身の丈にあったチームサイズはどれくらいなのでしょうか。私がよく引き合いに出すのが「ダンバー数」です。イギリスの進化人類学者ロビン・ダンバーは、1400ccの脳容量をもつ現代人ホモ・サピエンスの最適なチームサイズは150人だと考え、これをダンバー数と名付けました。

ダンバーは、人類の頭蓋骨の化石を用いて脳のサイズを測定し、その時代の人々の集団規模と脳の関連性を研究しました。その結果、ゴリラと同程度の脳の大きさだった時代には、集団の規模もゴリラと同様に10〜20人。脳が600〜800ccに成長した頃には30〜50人に増え、現代人の脳が1400ccになると集団の規模は150人に達したと述べています。

また彼が「ひとり(一頭)が一度に築ける関係には質量ともに上限がある(中略)コンピュータの処理能力がメモリとプロセッサの容量で決まるように、刻々と状況が変化する社会の情報を脳がどこまで処理できるかは、新皮質の大きさで決まる」(『友達の数は何人?』)と書くように、集団の規模と脳の発達には密接な関係があることがわかります。

150人は言葉ではなく、過去に何かを一緒にした記憶によって結びつき、年賀状を書く時に思い浮かぶ人数だともいわれています。SNSで多くの仲間とつながっているようでも、信頼できるメンバーの人数は、社会脳(自己や他者の社会的関わりを担う脳)に依存し「共同体をまとめているのは仲間に対する義務感と相互依存だが、一五〇人より大きい集団ではそれが効力を失ってしまう」のは、工場や軍隊、学問の世界でも同じだそうです。

ところが、日本の都市部は世界的に見ても人口密度が異常に高く関係する人数も多いのが特徴です。島国の日本には山が多いですが、ヨーロッパは緩やかな丘陵地が広がっていて、居住や農業に利用できる土地の割合には大きな違いがあります。日本で人が住める可住地面積は、イギリスやドイツの約半分、フランスと比べると4分の1しかありません。人口密度で考えると、鳥取や島根などの過疎地がヨーロッパの平均だと言われています。

このように、日本の都市部では、多くの人々が1か所に集まって生活しています。その結果、ダンバー数を超える人々に気を配っているうちに社会脳がクラッシュするのです。一方で、意見の異なるメンバーや、生産性の低いメンバーは排除され、チーム内の同調圧力が強まります。

では、社会脳を健全に保ち、悪性が暴れ出さないようにするためにはどうすればいいのでしょうか。私は、ダンバー数とシューマッハーの「人間というものは、小さな、理解の届く集団の中でこそ人間でありうる」という主張を組み合わせて、チームを「150人で閉じる」ことが理にかなっているように思います。共同で悪を鎮めるためには、ダンバー数を守り、閉じることです。

現代では、情報の交換や物の流通の進むことが、疑いのない善とされています。このような「開かれた状態」が現代社会の基盤を作り、その発展に大きく貢献していることに誰しも異論はないでしょう。しかし一方で、「閉じられた状態」が持つエネルギーや密度について、私たちはあまりにも無関心です。

精神科医の宮地尚子は、「閉じられた状態」について「さなぎが蝶になるとき、繭にこもらなければならないように。（中略）外からのインプットを排除して繭の中にこもる。そんなときにこそ中でなにかが醸成していたり、励起状態になっていって、まもなく鮮烈な化学反応が起き、新しいものが生まれてくるかもしれない」（『傷を愛せるか』）と書き、閉じることの可能性を夢想します。

このような考え方は、新しいものが求められるアートの世界では昔から大切にされてきました。心の奥にある欲望や抑えられた怒りといった他人と共有しにくい感情は、徐々に醸成され、閉ざされた空間から解放された瞬間に、感動させる作品に生まれ変わります。他と混ざると消えてしまうものや色が薄れるものが独自に進化することで、特別な世界を築くことができるのです。

私がリーダーをしているインカーブは、ざっと見積もって１５０人のメンバーがいます。スタッフは15人。知的に障がいのあるアーティストは30人。アーティストのご家族が合計１００人。それにサポーター（外部のデザイナーやプランナー）が5人。20年以上、多少の増減はあってもダンバー数を守り、その時主流となっている事象に関わることを意図的に避けてきました。

インカーブには富者もいれば貧者もいます。文字を読める人も読めない人もいます。階段を登れる人も登れない人もいます。優しい人もいれば優しくない人もいます。ノンバーバルな人もいれば饒舌すぎる人もいます。騙される人もいれば騙す人もいます。悪人寄りの善人も、善人寄りの悪人もいます。世間で弱い人とされる人がインカーブには大勢います。

ただ、私はこのようなメンバーと同じ「地点」に立っているわけではありません。と書くと強くて冷酷な人間だと思われるかもしれませんが、そうではありません。私は、他者と同じ地点、つまり他者と合一になる自信がないのです。「私のことをすべてわかってよ」と凄まれて「はい、わかりました」とはどうしても言えない。どこまでいっても、あなたは私ではないし、私はあなたではない。一方で、同じ地点に立つことを懇願するのも、要請するのも傲慢だと思っています。

しかし、同じ「地点」に立つことは無理でも、同じ「地平」に立つことならできます。ある人は私の50センチ横。ある人は5メートル先。ある人は姿がかすむぐらい向こう。私との距離は違っても、彼ら、彼女らが同じ地平に立っている限り見知らぬ他者ではありません。

私は、チームは、同じ地平に立つメンバーと一緒に作るものだと考えています。そして、徹底的にお互いを守らなければならない。裏を返せば、同じ地平に立とうとしないメンバーをチームに加えてはいけません。もし、そのようなメンバーがいたら、リーダーは違った地平を指し示すべきだし、そのメンバーは、自らの地平を探すべきです。

言われのない差別を受けている人を取り残さない社会的実践は、ダンバー数を超えず、同じ地平に立つメンバーにおいてのみ結実させることができます。それが限定的な知だということは重々承知しています。しかし、インカーブがこのような閉じたチームだから悪心が暴発せず、企業の平均寿命を超えて生き長らえたのも事実です。普遍的な問題をチームで解決していくことが、敵対心を高めてしまう悪人の心を鎮める唯一の手立てなのです。

異質なメンバーと作る安心基地

もし、河原の土手に1種類の雑草しかなかったら。もし、その雑草に致命的な病原菌が襲ったら……即、全滅です。しかし、異質な種が混じっていたら全滅することはありません。これが「同質なメンバーではなく、異質なメンバーでチームを構成する」利点です。このような雑多性が多様性（ダイバーシティ）と言われるもので、これからの世界が目指すビジョンであり、民主主義の原点なのです。

とはいっても、多様性の実現は非常に難しい。国連の報告では、2015年に誕生したSDGsは、2030年の目標達成を目指していますが複合的な影響が原因で、2030年までの半分（2023年）の時点で、目標達成は危機にさらされ、順調に推移しているのはわずか15％だとされています。その遅れの中に多様性の指標である、目標5の「ジェンダー平等を実現する」や目標10の「国内および国家間の不平等を是正する」が入っているのは当然です。このように達成困難な多様性を平たく言うと「あなたの価値観は好きじゃないし、同意できるわけじゃないけど、あなたと生きていくと覚悟を決めました」という一筋縄ではいかない決意表明なのです。

一方で、私たちの日常生活に目をやると、スマートフォンの普及によって、情報は自ら探すものではなく、アルゴリズムが選んでくれるものとなりました。365日24時間つなぎっぱなしのSNSは、まるでパノプティコンの刑務所のように、私たちの興味や信念を細かく監視しています。その結果、自分の興味の範囲に閉じ込められ、異なる意見を持つ他者との対立が増えました。顔を晒さない悪人は、異質な者に罵詈雑言を浴びせ、殺めることもいといません。そんな状況は多様性とは真逆です。でも、それが現実なのです。

このように、無数の「私」が競い合う社会の先には、自己責任が極限まで求められる社会が待っています。しかし、もし私たちが、個々の「私」の違いを尊重し合い、「私たち」という「安心基地」を作ることができるとしたら、どのような未来が描けるでしょうか。

誤解を招きそうですが、私が考える「安心基地」は、150人のメンバーと基地内の生物や環境だけで構成されています。それは、決して大きな基地ではありません。そのイメージは、野口体操の創始者である野口三千三が書く「生きている人間のからだ、それは皮膚という生きた袋の中に、液体的なものがいっぱい入っていて、その中に骨も内臓も浮かんでいる」(『原初生命体としての人間』)という身体構成論にあります。

リーダーやメンバーが骨や胃や腸、心臓などの内臓です。その内臓をつなぐ液体的な血や体液がお互いのコミュニケーション。チームが皮膚という袋です。そして、その袋が他チームの袋につながって地域となり国となっていく。これが私のイメージする「私たち」の安心基地と他チームとの有機的な関係です。

このように書くと、「自分たちのチームや周りの生物、環境さえ守ればいいのか……それは身勝手すぎるでしょ」とお叱りを受けるかもしれません。しかし私は、シューマッハーが主張するように、理解の届かない大きな集団を気遣う前に、まず自分たちのチームや周りの生物、環境を慮ることが本筋だ、と思っています。決して、他チームを軽視しているわけではありませんが、物事には順序があります。自分の家族やチームを大切にできない者が、他チームを大切にできるはずがありませんから。

チームを安心基地にするには、異なる背景を持つメンバーを慮ること、つまりケアすることが必要です。傷の痛みを語ることで前に進もうとする人もいれば、語ることでその痛みが増すことを恐れて口を閉ざす人もいます。異なるメンバーが集まるチームだからこそ、悪と善の判断が揺らぐこともあります。それでも、そのメンバーをそのまま受け入れ、支えることが安心基地のケアなのです。

異なるメンバーを受け入れる機会は、日常生活のあらゆる場面に存在しています。私とは違った他者の物語を想像することは、ケアの重要な手がかりになり、お互いの過去が重なれば共通の歴史を作ることができるかもしれない。たとえ同じような苦しみを経験していなくても、誰もがトラウマや苦痛の記憶があることに思いを馳せれば、「私」の記憶を「私たち」として分かち合える可能性もあります。

このようなケアを児童福祉の世界では「アタッチメント」と呼びます。アタッチメントは、特定の信頼できる大人（親や保育士や幼稚園教諭など）にしっかりくっついて、安心感を得ようとする本能的な欲求や行動を指します。コアラの赤ちゃんが母親にしがみつくようなイメージがアタッチメントです。

基地で十分に安心を得られた子供は、安心基地を離れて探検へ出かけます。見守られながら探検することで自分の世界を広げ、やがて自立に向かって跳躍していくのです。このように、自分の気持ちを素直に伝え、それを誰かに受け入れてもらい、理解してもらい、助けてもらうという経験を積む中で、愛してもらえる私と他者を信じることができる私に成長します。一方で、アタッチメントが喪失すれば、心の成長において大きな影響を受けるのが内心と対人関係です。内心に関する力は、自己肯定感や自己制御、独立性などで、一方の対人関係には、他者の心を理解する能力や思いやり、協調性などが挙げられるでしょう。

このようなアタッチメントが必要なのは子供に限ったことではありません。子供が特定の大人を安心基地に見立てるように、メンバーにとっての安心基地はチームです。ただ、近年は自己信頼と他者信頼の弱いメンバーが増えてきたように思います。

彼らや彼女らは、他者と当たり障りのないコミュニケーションを取り、無難な人間関係を築こうとします。そのような事なかれ主義者に害はありませんが、同質でも異質でもないため、摑みどころがなく、チームに馴染みにくい存在です。

言葉は悪いですが、私にとって、当たり障りのないメンバーは「少しだけ腐ったミカン」のようなものです。「腐ったミカン」は、性格が攻撃的で反抗的、労力を出し惜しみ、愚痴や文句ばかりを言っているメンバーだと言われますが、「少しだけ腐ったミカン」はそこまで腐っていません。

腐ったミカンの悪性は如何ともし難いですが、少しだけ腐ったミカンなら腹を割って「どこが腐っていて、腐った原因は何か」を打ち明けたほうがいい。人は、悪性を含めた弱さを表明しないメンバーを信じません。信頼を生むきっかけは、自分は弱いという自覚なのです。

弱さと悪の自覚

チームに必要なのは「強い人」ではなくて、自分には弱点があると自覚し、助けを必要としている「弱い人」です。ある日、インカーブのミーティングで「自分の弱さを言葉にしても、相手にちゃんと理解してもらえることがわかっているので、怖がらずにフラットに話せたように思います。面白いなぁとか、かっこいいなぁとか思える人たちと仕事ができる環境はとても心地が良いです」とスタッフがメールをくれました。メンバーの誰かが弱さを見せると、チーム全体の肩の力が抜けて心地良い雰囲気になるようです。

心地良いと思える環境を作るにはメンバー間の信頼が必要です。それを生むきっかけが自分は弱いという自覚なのです。人は、無力を感じた時に、他者の助けが必要だと実感し、その結果、他者を信頼することができます。信頼しているから弱くなれるのではなく、弱いからお互いを信用するわけです。

では、そもそも人はなぜチームを作るのでしょうか。その最大の理由は、1人では弱くて生きていけないからです。だから、それぞれの弱点を曝け出し、補い合い、集まって生きようとします。このような知恵は、農耕牧畜民の時代からまったく変わっていません。

私たちは、リスクを覚悟でお互いの弱みを見せ合い、恥ずかしさや苦悩を共有することでチームを作ってきました。河合隼雄は、日本の神話を通じて、このような「弱さ」が日本人の心性に合っていると解釈しました。彼は『中空構造日本の深層』で、アマテラスとスサノヲに比べてツクヨミの物語が『古事記』にほとんど現れないことにふれ、ツクヨミが積極的に行動せず、自己主張もしない弱くて「無為に等しい役割」だと指摘します。

無為のツクヨミの受動性は、アマテラスとスサノヲの衝突を和らげ、均衡を保つ役割を果たしました。河合は、この構造を「中空構造」と呼び、中心が空なので、そこに何かが侵入しても最終的には空に戻るという特徴は日本人の心性に合っている、と考えたのです。一方で、ツクヨミは、積極的に行動せず、自己主張もしないにもかかわらず、巧妙に神の座に居続ける悪知恵のはたらく神だと言えなくもない。人間と同様、神も悪にも善にもなり得る存在だということでしょうか。

ただ世間では、「前向きに楽しみながら、やりがいを持とう」とする態度を善とし、「弱さ」や「受動性」、「別のものの侵入を許すこと」を悪いものとして否定しがちです。そのため、それを言葉にすることができない（してはいけない）空気が充満しているように思います。

一方で私は、世間の前向きな善をあまり信用していません。深いところで、アクティブ礼讃は疑わしいと思っています。そもそも、私たちは自己決定で生まれてきたわけではないので、どこまでいっても受動的な存在です。人間は弱く、受動的で、特に日本人は別のものの侵入を許してしまう心性があるとするなら、まずはネガティブなことを受容したほうがいいし、悪を自覚したほうが健全です。

生まれつき持っているネガティブな感情を無理に抑え込むと、防御反応が過剰に働きます。そうなれば、他者からの意見や忠告が届かないように自ら壁を建てて、アタッチメントを拒否するかもしれない。ただ私は、あなたが望むなら壁を建てることに賛成します。愚行権を行使して、思う存分、壁を建てて引き籠もればいいし、納得するまで閉じ籠もればいい。でも、人間は1人では生きられないので、きっと、あなたはチームに戻ってくるはずです。なぜなら、それが逃れようのない生存本能だからです。

人間である私たちは、悪人にも善人にもなり得るスペクトラムな存在です。ネガティブな弱さや悪さを隠して生きることはできません。それを隠し続けると、自分の一部を否定することになり、心が不安定になるのも当然です。私たちに必要なのは、弱さと悪の自覚なのです。

ところで、あなたはネガティブで弱い人は操りやすい、と思っていませんか。弱い人は、手も口も出さないから支配するのは簡単だと思っている。でも、それは間違いです。弱い人は強い人以上に悪人になる可能性を持っています。

「窮鼠猫を嚙む」ということわざは、「弱い者でも諦めずに強い者に反撃するべきだ」と教えますが、私は「弱い者ほど悪に転じる可能性がある」と読み替えています。とはいえ、あなたは、小さなネズミが大きなネコに勝てるわけがない、と思っているはずです。

でもご心配なく、追い詰められたネズミは1匹ではありません。彼のチームには150匹の仲間がいて、彼らは弱さゆえにお互いを信じています。小さな弱いネズミ150匹と大きくて強いネコ1匹。窮鼠の悪を侮らないほうがいい。

おわりに──同意なき悪と愛──

私と妻は国立病院の遺伝子解析の診察室にいました。

長い時間を頂戴して、申し訳ありませんでした。ようやく遺伝子解析が終わりました。一応、検査方法をお伝えしときますね。こちらの検査報告書を見てください。まずDNAを抽出してPCR検査でシーケンス反応をみました。ようはDNAやRNAなどの核酸の特定の領域を増やして、その配列を特定するための実験です。次にオートシーケンサーで、DNAの塩基配列を調べたら、ご主人にCOMP遺伝子の変異を認めました。ご存じだと思いますが、障害名は「偽性アコンドロプラージア」といって、100万人に1人が罹患するといわれているとても珍しい病気です。

どの分野でもオーソリティと言われる人は、平然と専門用語を凡人にまくし立てる印象があります。以前、診てもらった外科医はドイツ語で書いたカルテを私に見せて説明していました。

彼らは人を見て法を説く、ということを知りません。目の前のオーソリティはそこまでじゃなさそうで、私の怪訝な表情を読み取って、凡人レベルに合わせてくれました。

喩え話で言いますとね、それぞれ上下巻に分かれた23巻の百科事典（つまりドクターは上下巻合わせると46の染色体があると言いたいわけです）があると思ってください。ご主人の障害は、19巻目の200ページの上から3行目の一文字に間違いがありました。染色体より細かい遺伝子レベルの設計ミスです。ご主人の年齢（当時の私は50歳前）を考えると、すでにいろいろな体験をされていると思いますが、この障害は全身の軟骨が成長せず、年齢と共にそれが壊れていく病気です。頭の形は健常者と同じですが、四肢が短いのが特長で、全身の骨にも変形があるので内臓の形も健常者とは違います。でも、知能の遅れはありません。パートナーは、健常な方のようなので、もし、お子様を希望されるなら2分の1の確率でご主人と同じ障害になります。残念ですが、身体の変形や痛みもそのままコピーされてしまいますね。

以上、終わり。

早口のドクターは、愛想笑いも見せずにそそくさと診察室を後にしました。子供を授かれば

2分の1で私と同じ痛みを負わすことは、あなたに言われなくても想定済みです。その確証がほしかっただけなのです。それでも私は子供が欲しいし、愛してみたい。その願いに妻も同意してくれました。

私は早くに家族を失い、家族水入らずの生活に強い憧れがありました。珍しい病気だから珍しい家族で終わりたくなかったのです。未来の子供の意見も聞かず、同意も得ないまま、身勝手な欲望が沸騰します。もし、子供が障がい者として生まれたら、軋むような身体の痛みを死ぬまで受け続けることが2分の1で想定されるのに……それでも、私は子供を欲しました。

未来の子供が言います。「2分の1の確率でパパと同じ障がい者になるんでしょ？　身体が痛くて、苦しいなんて、嫌だよ。私の人生を勝手に決めないでよ、リスクありすぎじゃん」。

私が反論します。「パパは障がいのある自分の姿を否定してないんだ。そんなことをすれば、生まれたことや生きてきたことを否定することになってしまうでしょ」。

すると私の心を読んだように子供が言います。「それは、パパの強がり。からかわれないように、馬鹿にされないように、歩く姿を晒すのを避けてきたじゃない」「パパが前に書いた本でも、自分の姿は、カフカの『変身』にでてくる毒虫みたいだって言ってたじゃん。子供に嘘はいけないよ、嘘は」「パパの分身として生まれたら、二足歩行もままならないんでしょ。じゃ、人間の条件を満たさないモノになるじゃん？　……それでも、パパは自分の欲のために、私を作ろうとするんだ。子供と親と人格は違うんだから、自分の分身だなんてエゴの最たるものでしょう！　人権侵害じゃん」。はい、その通りです。子供の主張に、ぐうの音も出ません。

子供は私の分身。それは、人権侵害だし独裁だと非難されても、やっぱりあなたは「もう1人の私」なのです。誰かを深く愛すると、その人は他人ではなくて、もう1人の私になります。そうすると、そのもう1人の私に好ましい感情を与えるものが、自分自身にも好ましい感情を与えるものとして受け止め直される。それは、憎らしい感情の相互作用も同じです。もう1人の私が、悪と愛の対象を広げていきます。

遺伝子解析をした1年後、私は自らの欲望を叶えました。体重3356グラム、身長45センチの女の子。私は、もう1人の私を手に入れたのです。初めて抱いた時は「身体の変形や痛みもそのままコピー」されたかなんてわかりません。2分の1がどちらに転ぼうが、ドクターが宣告した「残念」な事態では絶対ない、と言い聞かせていました。でも、もう1人の私は「リスクありすぎじゃん」と口を尖らせていたはずです。一昔前の私もやっぱり悪人でした。

悪人の自覚があれば、悪の暴発は防げます。ただ困ったことに、私たちは、自らの悪を直視しようとしません。善人として世間に受け入れられ、善人のまま生き延びたいと望みます。悪の自覚がないから、悪をしでかした相手を蹂躙（じゅうりん）することもいとわないし、それを絶対的な正義だと勘違いしている。

とはいえ、自らの悪を受容することは生易しいことではありません。原稿を半分ほど書き終えて、手が止まりました。内容が思い浮かばないわけでも、身体の痛みが我慢できないわけでもありませんが、自分の悪を晒すことにほとほと気が滅入ってきたのです。内奥にある秘密を自分の手で暴いている馬鹿さ加減に嫌気がさしてきたのです。

止まったままの原稿をぼんやり眺めていたら、テーゼとアンチテーゼで1つの塊ができるように、私が吐き出した悪は微量の善と混ざりながら、むしろお互いを惹きつけあっていることに気づきました。悪の棚卸しは、善や愛の存在に気づくきっかけにもなったようです。

私に「障がいがある」という事実は、悪を発見する力を与えてくれました。子供の頃から、大人の善人ぶった言葉や慈悲深そうな態度の裏に悪が潜んでいることに気づいていました。ただ、その気づきが、往々にして良からぬことを考えてしまう、という意味では背負う必要のない苦しみを引き寄せもしました。

作家の高橋源一郎は、『『俗人』とはふつうの人、そこらにいる人、生きて死んでゆくすべての人びと。そして大切なのは、彼らはそれ以上突き詰めては考えないことだ。そんなことを『ふつう』の人は考えないのだ。でも、それは彼らが劣っているからではない。社会の中で生きるということは、考えることの大半を社会がやってくれるということだ。だから『ふつうの人』はほとんどなにも考えなくてもいいのだ」と親鸞の歎異抄を超訳します。ふつうの人は、何も考えていないか、それとも考えているかはさておき、障がいのある私は、ふつうの人以上に悩み、考え、また悩みました。その往復の中で、善を退けて、良からぬ悪が充満したのかもしれません。

日本社会では、失われた30年の間に、社会保障が削減され、社会の格差が一層広がりました。人々の分断と個人化が深まるなかで、マジョリティがマイノリティを叩き、マイノリティがその下のマイノリティを叩きます。誰もが悩み、考え、また悩み、その果てにアルバイト感覚で見知らぬ高齢者を緊縛して殺める若者や、身動きのできない障がい者を抹殺する福祉労働者がいる。これ以上、悪の暴発を許してはいけません。

本書では、『アトリエ インカーブ物語』と『壁はいらない（心のバリアフリー）、って言われても。』に続いて、河出書房新社の尾形龍太郎編集長とNPO法人東京自由大学の今井章博さんにお世話になりました。最初の編集会議で「自らも障がい者であり、差別され、差別した側であり、そして『悪』を自覚している今中博之をどのように表現するか」が議題になったようです。

もし、あなたにも私のような悪人の自覚が芽生えたら、あなたは立派な弱い人間です。弱いから他者を信用し、チームを作って生き延びることができます。一方で、悪人の自覚のない強い人間は短命です。利害関係のない強い人間を助けるお人好しなどこの世にはいませんから。

悪を受容することは弱さを受容し、他者を受容することです。だから、チームに加わることが許されます。私は悪人になって、インカーブというチームを手に入れ、弱い人間だから妻と娘がそばにいてくれます。

ただ1つ気がかりなのは、悪人の父を人生最愛の娘が許してくれるのか、ということです。私の障がいを引き継がなかった娘は、私の背丈を遥かに超えた中学生になろうとしています。妻に言わせると、姿形は異なっても、その気質は私と同じだそうです。もしそうであるなら、私の悪性も理解してくれるのではないか。そんな期待を抱きつつ、この書を閉じることにします。

今中博之

二〇二四年十二月

引用文献

はじめに

●ユヴァル・ノア・ハラリ『サピエンス全史 下』河出書房新社、2016年、11頁

第1章

●今中博之『壁はいらない（心のバリアフリー）、って言われても。』河出書房新社、2020年、136頁

第2章

●シンシア・スミス編『世界を変えるデザイン』槌屋詩野監訳、北村陽子訳、英治出版、2009年、40頁
●五木寛之『他力』講談社、1998年、28頁
●梯實圓解説『歎異抄』本願寺出版社、2002年、28頁、58頁〜59頁、21頁
●ベルクソン『道徳と宗教の二源泉』平山高次訳、岩波文庫、1977年、171頁
●佐藤英文「子どもの頃に土壌動物を殺してしまった体験について」鶴見大学紀要、第51号、第3

部、２０１４年、11～17頁
●ハンナ・アレント、ジェローム・コーン編『責任と判断』中山元訳、ちくま学芸文庫、２０１６年、２９５頁～２９６頁
●NHKハートネット「ドイツの精神科医と安楽死計画　第５回」２０１８年
●デイヴィッド・L・ミラー『甦る神々』桑原知子、高石恭子訳、春秋社、１９９１年、54頁
●エーリッヒ・フロム『悪について』渡会圭子訳、ちくま学芸文庫、２０１８年、14頁、１６５頁、１７１頁

第3章

●E・M・シオラン『悪しき造物主』金井裕訳、法政大学出版局、２０１７年、４頁、13頁
●河合隼雄『あなたが子どもだったころ』講談社＋α文庫、１９９５年、30頁～31頁、65頁～66頁
●松井彰彦「耕論　読み解き経済―「グローバル人材」は自ら育つ―」朝日新聞、２０１４年８月26日朝刊
●日本学術会議（臨床医学委員会）「アディクション問題克服に向けた学術活動のあり方に関する提言」２０２０年、１頁
●山折哲雄『ブッダに学ぶ　老いと死』朝日新書、２０２３年、１４９頁～１５０頁

第4章

●厚生労働省「令和４年生活のしづらさなどに関する調査（全国在宅障害児・者等実態調査）」（障

害者の数）
●フランソワ・ラブレー『パンタグリュエル物語　第四之書』渡辺一夫訳、岩波書店、1991年、82頁
●三木清『人生論ノート』新潮文庫、2011年、58頁
●セネカ『怒りについて　他二篇』兼利琢也訳、岩波文庫、2008年、96頁
●イブラム・X・ケンディ『人種差別主義者たちの思考法』山田美明訳、光文社、2023年、8頁、600頁〜602頁
●アグネス・カラードほか『怒りの哲学』小川仁志監訳、森山文那生訳、ニュートンプレス、2021年、10頁、26頁、23頁、60頁

第5章

●ソニア・リュボミアスキー『幸せがずっと続く12の行動習慣』渡辺誠監修、金井真弓訳、日本実業出版社、2023年、1頁、3頁
●ショーペンハウアー『幸福について』橋本文夫訳、新潮文庫、2005年、182頁、42頁、79頁〜80頁
●ショウペンハウエル『読書について　他二篇』斎藤忍随訳、岩波文庫、1983年、8頁
●ユヴァル・ノア・ハラリ『サピエンス全史 下』河出書房新社、2016年、28頁〜29頁、239頁

第6章

- 山極壽一『共感革命』河出新書、2023年、144頁、96頁、4頁
- NHKスペシャル「ヒューマンエイジ　人間の時代　第2集　戦争　なぜ殺し合うのか」2023年
- スティーブン・S・ホフマン『シリコンバレー式　最高のイノベーション』関美和訳、ダイヤモンド社、2018年、69頁、66頁~67頁
- ロビン・ダンバー『友達の数は何人?』藤井留美訳、インターシフト、2011年、21頁、25頁
- 宮地尚子『傷を愛せるか』大月書店、2010年、54頁~55頁
- 野口三千三『原初生命体としての人間』岩波現代文庫、2003年、12頁

おわりに

- 高橋源一郎『一億三千万人のための「歎異抄」』朝日新書、2023年、167頁~168頁

参考文献

＊あいうえお順
＊外国人著者の場合、ファミリーネーム（ex.ロビン・ダンバーの場合、「ダンバー」）を採用
＊同一著者で、複数の文献がある場合、出版年が古いものを先に記載
＊同一著者で、単著と共著がある場合、単著を先に記載

あ行

●阿部修士『あなたはこうしてウソをつく』岩波書店、2021年
●安藤寿康『日本人の9割が知らない遺伝の真実』SB新書、2016年
●安藤寿康『能力はどのように遺伝するのか』講談社、2023年
●市橋伯一『協力と裏切りの生命進化史』光文社新書、2019年
●市橋伯一『増えるものたちの進化生物学』ちくまプリマー新書、2023年
●今道友信『愛について』中公文庫、2001年
●梅原猛『親鸞の告白』小学館文庫、2005年
●マックス・ヴェーバー『プロテスタンティズムの倫理と資本主義の精神』大塚久雄訳、岩波文庫、

1989年
●エイミー・C・エドモンドソン『恐れのない組織』野津智子訳、英治出版、2021年
●NHKスペシャル「ジェンダーサイエンス第1集男X女　性差の真実」2021年
●NHKスペシャル「なぜ一線を越えるのか　無差別巻き込み事件の深層」2022年
●岡谷公二『郵便配達夫シュヴァルの理想宮』作品社、1992年

か行

●河合隼雄『河合隼雄全対話6　子どもという宇宙』第三文明社、1996年
●河合隼雄『中空構造日本の深層』中公文庫、1999年
●姜尚中『悪の力』集英社新書、2015年
●菅野仁『ジンメル・つながりの哲学』NHKブックス、2003年
●ダイアン・J・グッドマン『真のダイバーシティをめざして』出口真紀子監訳、田辺希久子訳、上智大学出版、2017年
●ダニエル・コイル『THE CULTURE CODE』楠木健監訳、桜田直美訳、かんき出版、2018年

さ行

●佐々木閑『科学するブッダ　犀の角たち』角川ソフィア文庫、2013年
●E・F・シューマッハー『スモール　イズ　ビューティフル再論』酒井懋訳、講談社学術文庫、

２０００年
●浄土真宗教学伝道研究センター『浄土真宗聖典（註釈版第二版）』浄土真宗教学伝道研究センター編、本願寺出版社、２００４年
●ゲオルク・ジンメル「大都市と精神生活」『近代アーバニズム　都市社会学セレクション　第１巻』松本康訳、日本評論社、２０１１年

た行

●ロビン・ダンバー『宗教の起源』小田哲訳、白揚社、２０２３年
●ロビン・ダンバー他『「組織と人数」の絶対法則』鍛原多恵子訳、東洋経済新報社、２０２４年

な行

●永井道雄『世界の名著　23　ホッブズ』中央公論社、１９７１年
●仲正昌樹『マックス・ウェーバーを読む』講談社現代新書、２０１４年
●中村元『ブッダの真理のことば　感興のことば』岩波文庫、１９７８年
●中村元『ブッダのことば』岩波文庫、１９８４年
●中村元『ブッダ伝　生涯と思想』角川ソフィア文庫、２０１５年
●Nature「古代の戦争の痕跡」２０１６年、https://www.natureasia.com/ja-jp/nature/highlights/71520

は行

●長谷川宏『幸福とは何か』中公新書、２０１８年
●バーバラ・ブラッチュリー『運を味方にする「偶然」の科学』栗木さつき訳、東洋経済新報社、２０２２年
●フロイト『人はなぜ戦争をするのか』中山元訳、光文社古典新訳文庫、２００８年
●エーリッヒ・フロム『愛するということ』鈴木晶訳、紀伊國屋書店、２０２０年
●ホッブズ『リヴァイアサン１』水田洋訳、岩波文庫、１９９２年

ま行

●増谷文雄、梅原猛『知恵と慈悲〈ブッダ〉』角川ソフィア文庫、１９９６年
●宮地尚子『トラウマにふれる』金剛出版、２０２０年
●村井潤一郎「青年の日常生活における欺瞞」性格心理学研究第9巻第1号、２０００年、56頁～57頁
●森元斎『死なないための暴力論』集英社インターナショナル、２０２４年

や行

●山折哲雄『悪と往生』中公文庫、２０１７年
●山本芳久『世界は善に満ちている』新潮選書、２０２１年
●山本芳久『「愛」の思想史』ＮＨＫ出版、２０２２年
●ユクスキュル、クリサート『生物から見た世界』日高敏隆訳、羽田節子訳、岩波文庫、２００５年

●吉本隆明『親鸞の言葉』中公文庫、2019年
●吉本隆明、糸井重里『悪人正機』新潮文庫、2004年

ら行

●B・ラッセル『幸福論』堀秀彦訳、角川ソフィア文庫、2017年

今中博之（いまなか・ひろし）

1963年生まれ。ソーシャルデザイナー。社会福祉法人 素王会 理事長。インカーブ（旧アトリエ インカーブ）代表。大阪大学ダイバーシティ&インクルージョン（D&I）センター 招へい教授。金沢美術工芸大学 非常勤講師。公益財団法人東京オリンピック・パラリンピック競技大会組織委員会：文化・教育委員会委員、エンブレム委員会委員。厚生労働省・文化庁：障害者の芸術文化振興に関する懇談会構成員、障害者文化芸術活動推進有識者会議構成員。イマナカデザイン一級建築士事務所 代表（一級建築士）。100万人に1人の障がい・偽性アコンドロプラージア（先天性両下肢障がい）がある。1986年〜2003年、株式会社乃村工藝社デザイン部在籍。企業ショールーム、国際博覧会などのデザインにとどまらず、介護・医療施設、児童施設、障がい者施設などのディレクション活動を展開。2002年に社会福祉法人 素王会 理事長に就任。知的に障がいのあるアーティストが集う「インカーブ」を設立。アーティストの作品を国内外の美術館やギャラリー、アートフェアに発信する。ソーシャルデザインや人権にかかわる講演多数。グッドデザイン賞（Gマーク・ユニバーサルデザイン賞）、ディスプレイデザインアソシエイション（DDA）奨励賞、ウィンドーデザイン通産大臣賞など受賞多数。著書に『なぜ「弱い」チームがうまくいくのか』（晶文社）、『アトリエ インカーブ物語――アートと福祉で社会を動かす』（河出文庫）、『壁はいらない（心のバリアフリー）、って言われても。』（河出書房新社）、『社会を希望で満たす働きかた――ソーシャルデザインという仕事』（朝日新聞出版）、『観点変更――なぜ、アトリエ インカーブは生まれたか』（創元社）、共著に元厚生労働事務次官 村木厚子氏との『かっこいい福祉』（左右社）などがある。

インカーブ●https://incurve.jp/

悪人力

逆説的教育論

二〇二五年三月二〇日　初版印刷
二〇二五年三月三〇日　初版発行

著者　今中博之
発行者　小野寺優
発行所　株式会社河出書房新社
〒一六二‐八五四四
東京都新宿区東五軒町二‐一三
電話　〇三‐三四〇四‐一二〇一［営業］
〇三‐三四〇四‐八六一一［編集］
https://www.kawade.co.jp/

編集　今井章博
装幀　木庭貴信＋角倉織音（オクターヴ）
装画　インカーブ・寺尾勝広
組版　株式会社キャップス
印刷　株式会社暁印刷
製本　大口製本印刷株式会社

Printed in Japan
ISBN978-4-309-22958-4

河出書房新社

今中博之の本

心のバリアフリー
壁はいらない、って言われても。

皆で手をつないで繋がることって
本当に必要なの？
選択肢はこんなにある！
注目の著者が
「バリアフリー（壁をなくせ）」一辺倒の
空気が満ちる世界に一石を投じる。

アトリエ インカーブ物語
アートと福祉で社会を動かす

知的に障がいのあるアーティストが
集う場所「アトリエ インカーブ」。
世界的評価の高いアーティストを
輩出した工房は何の為に、
いかにして誕生したのか？
20年の軌跡と革命の物語。